El susurro divino en el caos de una madre

Keri Wyatt Kent

Dedicados a la Excelencia

La misión de EDITORIAL VIDA es proporcionar los recursos necesarios a fin de alcanzar a las personas para Jesucristo y ayudarlas a crecer en su fe.

Miami, Florida 33166

Publicado en inglés bajo el título:
God's Whisper in a Mother's Chaos

Publicado por *InterVarsity Press*

Traducción: *Beraca Corp.*

Edición: *Emilio García*

Diseño interior: *A&W Publishing Electronic Services, Inc.*

Diseño de cubierta: *Pixelium Digital Imaging Inc.*

ISBN 0-8297-3297-7

Categoría: *Familia*

Impreso en Estados Unidos de América
Printed in the United States of America

01 02 03 04 05 06 ❖ 7 6 5 4 3 2 1

A Scott, Melanie y Aaron,
sin quienes mi vida
habría sido considerablemente menos caótica...
y significativamente menos alegre.

CONTENIDO

Prefacio

Fue un deleite para mí leer *El susurro divino en el caos de una madre,* especialmente al descubrir que muchos de los temas expuestos por Keri son los mismos que enfrento en el presente en mi propia vida. Como madre de mediana edad, que disfruta la libertad relativa del nido vacío, mi vida diaria es muy diferente a la de una joven madre de preescolares. Sin embargo, en nuestra vida espiritual Keri y yo parecemos estar recorriendo sendas paralelas. ¿Por qué? Porque tenemos en común la sencilla creencia de que nada en la vida es más importante que aprender a escuchar el susurro de Dios.

¿Necesitamos sabiduría? Escuchemos al que susurra. ¿Necesitamos sentirnos amadas? Oigamos al que susurra; ¿descanso y refrigerio? Escuchemos al que susurra. ¿Necesitamos ser desafiadas y cambiar? De nuevo, escuchemos al que susurra.

Parece muy sencillo, pero la verdad es que la mayoría de nosotras somos malas para escuchar. Saber escuchar requiere de una mente despejada, pero la mayoría de nosotras la llegamos a tener tan desordenada como los gabinetes de nuestra cocina. Lo más probable, si tuviésemos algún momento para poner todo en orden, es que pensaríamos en nuestros gabinetes antes que en nuestra mente. Me tomó décadas darme cuenta de que el enredo en mi mente es un problema mucho más serio que el de mi casa.

¿Qué es lo que enreda nuestras mentes y nos priva de escuchar el susurro divino? Para algunas de nosotras es una visión distorsionada de Dios. Por años tal enredo llenó mi mente. Crecí viendo a Dios como un rudo amo cuyo amor debía ganar trabajando duro, manteniéndome ocupada, esforzándome, esforzándome y esforzándome. ¿Podría acaso sentarme en quietud y simplemente estar en la presencia de Dios, como Keri sugiere en su libro? ¡Con seguridad que no!

Pero el dios en mi mente no era el de las Escrituras. El que Keri describe es el verdadero Dios, aquel que anhela que nos calmemos un poco, que estemos quietas y nos dejemos amar por él. Este es el Dios que le dice a una joven madre, cansada de lo mundano: «Cuando nadie más ve lo que tú haces, yo sí lo veo y lo valoro». Es el mismo Dios que dice a una joven madre abrumada por su pecado: «Sí, hoy fallaste al no amar como deseo que lo hagas; pero te extiendo mi perdón y un fresco comienzo mañana. Descansa esta noche en mi gracia».

Además de una visión distorsionada de Dios, que se enreda en nuestras mentes, ella escribe sobre el conflicto de la culpa, de nuestra incapacidad de confiar, y nuestra falla en reconocer la voz de Dios cuando nos habla a través de los acontecimientos y las personas que nos rodean diariamente. En tonos suaves, Keri nos invita a unirnos a ella en una jornada a través de los enredos que invaden nuestra mente, hasta que podamos hallar la libertad y «beber del amor de Dios».

Hay dos cosas en particular que me gustan de su libro: Una, que está escrito en tiempo presente. La mayoría de las autoras escriben acerca de sus tempranos años de crianza, mucho tiempo después de que sus hijos cambiaron los pañales por ropa de marca y sus biberones por Coca-Cola dietética. Pero Keri escribió este libro a la par de sus preescolares, mientras estos estaban jugando, durmiendo, peleando, riéndose o llorando. El resultado fue un libro realista. Ella sabe lo que una joven madre puede tratar y lo que no. De manera que este es un libro corto pero que va directo al grano y que ofrece sugerencias prácticas.

La otra cosa que me gusta es que es equilibrado. Keri escribe no solo acerca de la realidad de abrazar el caos en nuestra vida, sino también de la necesidad de alejarnos de él de vez en cuando; de la importancia de aceptar tanto las comodidades de la gracia como los retos del crecimiento. «¿Acaso estamos —pregunta ella— pareciéndonos más a Jesús?» Keri escribe de que asimismo como buscamos hacer más espacio en nuestros armarios, deberíamos hacerlo para Dios en nuestros corazones. De la misma manera, creamos belleza en nuestros hogares a través de actitudes de paz y gozo, así como atendemos los aspectos de la limpieza y la decoración. Ella escribe tanto acerca del imperativo de ser fieles a la alta y muy demandante tarea de ser madres, como de nuestra necesidad de desarrollar y usar los dones espirituales que Dios depositó en nosotras. Presenta un desafío, tanto a servir a Dios como a la excelencia en la vida práctica, y declara, otra vez, con el realismo de una madre, que podemos dedicarnos a ambos.

El equilibrio en el libro de Keri fluye como es natural del balance en su vida. Por supuesto, ella no está buscando que yo diga que alcanzó un equilibrio perfecto; ella misma no lo reclamaría. No obstante, ganó respeto en el mercado. Su devoción como esposa y madre, y su servicio fiel por muchos años en la Iglesia de Willow Creek Community, son testimonios de la obra de Dios en todas las dimensiones de su vida. Es eso, «la obra real de Dios», lo que dio lugar al nacimiento de este libro.

Lynne Hybels

Reconocimientos

Lee Strobel: Gracias por animarme. Su instrucción y estímulo me ayudaron a comenzar este libro; su valiente ejemplo de lo que significa seguir el santo llamamiento de Dios me ayudó a terminarlo.

Bob Gordon: Gracias por su amistad, aliento y redacción perspicaz, con lo cual hace resaltar mi obra. Este libro no sería una realidad sin su sabio consejo y desafío alentador.

Deb Beise: Gracias por su ayuda generosa y por ser un verdadero ejemplo de Cristo en medio del caos.

Mamá y Papá: Su amor y ejemplo piadoso proveyeron un fundamento firme de fe en mi vida. ¡Les amo!

Agradecimientos especiales a Robin McLennan, Teresa Nortillo, Sue Cole, Gina Young y Lynn Siewert, por animarme y creer en mí cuando estuve tan insegura acerca de mí y del futuro de este libro. Cada uno de ustedes me bendice con su amistad.

1

.....

Abrace el caos

Es la hora más larga del día, los momentos antes que mis pequeños sucumban ante el sueño. Mi esposo trabaja hasta tarde, nuevamente, y recorro habitación por habitación, calmando, cantando, meciendo, amenazando... ¡y solo tengo dos niños!

«Mami, ¿me contarías una historia?, pero no una leída sino una que tú inventes», suplica la niña de tres años desde su cama con suave voz y un ligero tono de llanto.

«¡Mami, siéntate conmigo!», exige el pequeño de dos años, que un momento antes se encontraba escaleras abajo llorando porque no podía recoger su cobijita. «Abrázame, abrázame,» implora, palmeando la silla reclinable, sosteniendo su cobijita y mirándome con esos irresistibles ojos azules. ¿Cómo puede un niño ser tan desesperante en un momento y simpático poco tiempo después? Así que, en momentos como este, fantaseo con la idea de tener una nana, una copia, o un marido con un horario de nueve a cinco. La nana no la puedo costear; lo de la copia sería simplemente muy extraño, y lo de mi esposo teniendo las tardes libres, ni me hago ilusiones, debido a sus largas horas de trabajo, típicas, supongo, de alguien que gana por comisión para sostener a su familia. Es parte del trato por tener el privilegio de estar en casa con mis niños; pero en momentos como este, cuando estoy exhausta y frustrada, me siento de todo, menos privilegiada.

Una hora después, mis niños son angelitos roncando, y los dedos de mis pies parecen ciruelas pasas por el baño de agua caliente. Para el momento cuando emerjo de la tina, mi malestar se ha enfriado igual que el agua del baño, dejando en su lugar una especie de anillo de residuo de jabón de soledad, de autoconmiseración y cantidad de dudas.

Solía tratar diariamente intensas presiones y permanecer calmada en mi trabajo en un periódico. Hasta podría decirse que disfrutaba de la dosis de adrenalina y el tener que lidiar con editores exigentes, fechas de entrega apretadas y el caótico bullicio en el salón de prensa. Podía entrevistar políticos poderosos y lanzar una historia de primera plana en un ocupado salón de prensa; y, ¿cómo es que no puedo manejar la hora de dormir con dos personitas que miden menos de tres pies de alto? ¿Qué sucede conmigo?

¡Ah, desearía que mi esposo estuviera en casa! ¡Cómo me gustaría que mis niños se comportaran como angelitos más a menudo! y no solo cuando duermen o cuando no los veo. ¡Desearía tener más de la paz y fortaleza de Dios en mí!

¿Dónde está Dios en medio del caos que representa mi vida?, me pregunto. ¡Cuánto desearía poder sentir su suave presencia cuando las tormentas repentinas me azotan día tras día! ¡Desearía que estuviera aquí para arropar a mi pequeña de tres años!

Las mejores noches, cuando los niños son más cooperadores y me siento más calmada, él sí parece estar presente. Escucho la oración de mi hija a la hora de dormir: «Querido Jesús, ¿podrías acompañarme esta noche mientras duermo? Estoy un poco asustada»... y sé que ella comienza a percibir su presencia.

Mis niños a menudo entienden mejor que yo la verdad acerca de Dios. «Jesús está aquí con nosotros», le digo a mi hija. Porque soy su madre ella lo acepta y cree —después de hacer unas cuantas preguntas—, como siempre; pero, ¿acaso lo creo yo? ¿Percibo yo misma la presencia de Dios? Él siempre está presente, aunque no siempre es reconocido; siempre está a la puerta, mas no siempre es invitado a entrar.

En la atestada casa que es mi vida, llena de necesidades, demandas y hasta de los deleites de mi trabajo, mis niños, mi esposo, mis amigos, ¿cómo puedo hacer espacio para Dios? Cuando me siento atraída en tan diferentes direcciones, ¿cómo mantener el equilibrio? ¿Cómo vivir en la presencia de Dios? ¿Cómo escuchar el susurro de su voz por encima del caos de mi vida?

«La vida es difícil», escribe Scott Peck en *El camino menos recorrido.* «Una vez que conocemos en verdad que la vida es difícil —cuando lo comprendemos y aceptamos— es que comienza a ser más fácil. Porque una vez que se acepta, las dificultades de la vida dejan de ser importantes.»

Es más, Dios usa el caos para santificarnos, es decir, para hacernos más como Jesús. Yo lo sé, porque a menudo le he hecho preguntas a Dios tales como: «¿Por qué este asunto de ser padres es tan duro? ¿Por qué la vida diaria normal tiene que ser una lucha?» Cuando por fin termino de preguntar, si hago un poco de esfuerzo con los oídos de mi corazón, algunas veces le escucho decir: «Para que Cristo sea completamente formado en ti».

Oponer resistencia al caos estorba el trabajo de Dios en nuestra alma; en cambio, abrazarlo, es decir, admitir que está ahí y que está bien porque Dios también está presente, convierte las dificultades y las circunstancias impredecibles de nuestra vida en una herramienta que Dios usa para fortalecer nuestra fe.

Busque la paz

¿Es posible encontrar el ojo del huracán en su vida? Muchos de los libros de autoayuda, o los autonombrados gurues espirituales dirían simplemente: «Busque dentro de usted»; pero aunque eso suene bien, no es suficiente. A solas, buscando dentro de mí, todo lo que puedo ver es más caos, una mezcla confusa de buenas intenciones y deseos egoístas que al final no me traen paz.

Jesús dijo: «La paz les dejo; mi paz les doy. Yo no se la doy a ustedes como la da el mundo» (Jn 14:27).

También dijo: «Vengan a mí ... y yo les daré descanso» (Mt 11:28).

De manera que, ¿cómo vamos a Jesús? ¿Cómo obtenemos la paz y el descanso que él promete? En la cacofonía de voces que pretenden atraer nuestra atención, ¿cómo discernimos cuál es la suya?

Oír la voz de Dios requiere una nueva forma de escuchar, una nueva manera de ver. En mi vida esa perspectiva es a menudo provista por el caos mismo. Cuando soy capaz de ver las dificultades y las luchas diarias como la forma en que Dios moldea mi carácter, puedo apreciar de mejor manera las lecciones que los momentos caóticos me ofrecen.

Pero esta es solo la mitad de la ecuación. Si a propósito me alejo del caos con normalidad, descubro que soy una madre más paciente, una esposa más amorosa y una persona más gentil. Cuando paso tiempo a solas con Dios y le permito cuidar mi alma, entonces puedo cuidar mejor de aquellos que él puso a mi cargo. Si me retiro por diez minutos, por dos horas o por un día, puedo apreciar de mejor manera las lecciones de los tiempos caóticos. También puedo aprender más acerca de estar contenta, a pesar de las circunstancias.

No siempre escucho el susurro de Dios. Generalmente estoy en uno de dos extremos: abrumada por el caos de estar en casa con dos niños pequeños, o quejándome por el aburrimiento de estar en casa con ellos. Es una paradoja aislante.

A veces, cuando el péndulo se balancea hacia el aburrimiento, de manera irracional me comprometo más allá de mi capacidad, planificando desenfrenadamente fechas de juego y actividades voluntarias, o tomando proyectos adicionales de trabajo. Como resultado, el ritmo de mi vida se hace más frenético. De esa manera puedo evitar, algunas veces, el silencio tan espantoso donde debo estar antes de escuchar el susurro de Dios.

Pero luego, el péndulo se balancea hacia atrás y me hallo de nuevo atascada en la vida diaria; me enlodo de la rutina y me olvido de vivir intencionalmente. Me lanzo al hoyo, solo reaccionando a cualquier cosa que parezca urgente o que esté en mi camino, sin nunca hallar, ni hacer tiempo para las cosas realmente importantes.

Este libro detalla lo que estoy aprendiendo respecto a vivir en la presencia de Dios, a escuchar su susurro en medio de mi caos, y las preguntas con las cuales me tropiezo en el proceso. Escribo no como experta sino como periodista; como una estudiante de la vida. Como tal, este es un reporte investigativo, un reporte de un compañero viajero. Es un viaje que emprendo mientras escribo. Si usted se está esforzando por escuchar esa calmada, pequeña voz, le invito a unirse a la jornada y a ver hacia dónde nos quiere llevar Dios.

Haga la «práctica» más práctica

Hace algunos años fui líder de un grupo pequeño; se estudiaba la Biblia y alguna literatura cristiana, y se trataba de aplicar a nuestras vidas lo aprendido. Uno de los libros más interesantes que estudiamos fue *La práctica de la presencia de Dios*, por el Hermano Lawrence. Esta colección de cartas de un monje acerca de cómo vivir en la presencia de Dios, momento a momento, ha cambiado la vida de muchos cristianos, incluyendo la mía. Pero con todo respeto al Hermano Lawrence, su vida en un monasterio del siglo diecisiete debió haber sido totalmente diferente a la mía en un suburbio en el siglo veintiuno.

«Él fue un monje», objetaba una mujer en el grupo. «¿Qué tan difícil es pensar acerca de Dios todo el tiempo, si eres monje?» Efectivamente, sin jamás haberlo sido uno no podría responder a esto. Lo único que digo es que probablemente fue mucho más duro de lo que pensamos; de otro modo, el libro del Hermano Lawrence no habría durado tanto. Pero, comparaciones acerca de quién está más ocupado, o quién tiene más ingresos en su planificador diario; quién trabaja más y quién tiene más niños, o quién tiene niños más difíciles, son modos de evitar el verdadero problema. ¿Cómo puedo vivir en la presencia de Dios en medio de mi agitada y ocupada vida? ¿Cómo puedo escuchar el susurro de la pequeña y silenciosa voz de Dios en medio del caos?

Para responder a esto necesito pensar en Dios mismo. ¿Cómo suena su voz? ¿Cúal es mi percepción de él? ¿Quién es él y quién soy yo, y por qué es que yo quisiera escuchar su voz? Con esa pregunta comienza nuestra jornada.

Cómo obtener el máximo de este libro

Mientras escribía este libro, conocí personas cuyas vidas eran en verdad caóticas, mucho más que la mía. Se hallaban enfrentando inmensas y difíciles pruebas que yo no he experimentado: infertilidad, cáncer, la muerte de un hijo... la lista continúa. A menudo me pregunté: «¿Qué es lo que sé acerca del caos? Mi vida es tranquila en comparación a la de estas personas.»

Quizá usted se sienta de la misma manera. Pero aun cuando su vida esté solo en ocasiones abrumada o sea verdaderamente dolorosa, siempre encontrará alguien en peores o mejores circunstancias que usted. Las comparaciones no son de ayuda; Dios no las usa.

No importa dónde se encuentre, ni lo que se halle experimentando, Dios desea susurrarle: «Te amo, mi pequeña hija. Nunca te dejaré. Cuando pases por las aguas, éstas no te ahogarán. Cuando camines por el fuego, su llama no te quemará, pues yo estoy contigo». (Véase Is 43.)

Es mi oración que este libro le anime a vivir en la presencia de Dios, momento a momento, sin importar cómo luzca el caos de su vida.

Las preguntas al final de cada capítulo le ayudarán a procesar las interrogantes; estas son para reflexión personal o discusión de grupo.

Para reflexionar

1. ¿Cuáles son las tres cosas que añaden caos a su vida? ¿Le distraen estas de su relación con Dios o le atraen a él?

2. «La vida es difícil», escribe Scott Peck en su libro *El camino menos recorrido.* «Una vez que en realidad conocemos que la vida es difícil —cuando en realidad lo entendemos y aceptamos— es que deja de ser difícil. Porque una vez que se acepta el hecho de que la vida es difícil, esto deja de ser importante.» ¿Está usted de acuerdo? ¿Por qué?

3. ¿Ha usado Dios el caos de cada día o una situación difícil en su vida para santificarle? ¿Qué fue lo que aprendió?

2

Conozca al que susurra

Si Dios le hablara audiblemente, ¿cómo imagina que sonaría su voz? ¿Acaso profunda y retumbante como los «No» que pronuncia a Moisés en la película *Los diez mandamientos*, o quizá una voz marchita, vaga, como la de un abuelo que ofrece un lugar florido, que suena muy espiritual pero que adolece de sustancia? ¿Será, acaso, como la de un cliente insatisfecho que llama a la oficina de su jefe con una lista de quejas acerca del desempeño de su trabajo?

La voz de Dios me ha sonado diferente en las distintas etapas de mi vida. La forma en que la he percibido tiene más que ver conmigo que con él. Cuando me he rebelado, su voz me ha parecido como un mal presagio. Cuando me he acercado a él, me ha parecido gentil.

La Biblia describe la voz de Dios como poderosa, suave, autoritativa, y todas estas cosas juntas.

El salmo 29:3,4, por ejemplo, habla acerca de la voz de Dios de la siguiente manera:

> La voz del Señor está sobre las aguas;
> resuena el trueno del Dios de la gloria;
> el Señor está sobre las aguas impetuosas.

La voz del Señor resuena potente;
la voz del Señor resuena majestuosa.

El salmista continúa disertando sobre la voz fuerte y poderosa de Dios en versículos sucesivos, pero el más concluyente (v.11) me tomó por sorpresa:

El Señor fortalece a su pueblo;
el Señor bendice a su pueblo con la paz.

Todo ese poder y toda esa fuerza no son usados en contra de su pueblo sino a favor de ellos: Les da fortaleza y paz. El poder de Dios es un poder de protección, que se vierte en paz, como una tormenta sobre la tierra seca y árida.

En los evangelios, Jesús se describe a sí mismo como un tierno y buen pastor. (Véase Jn 10:4.) El versículo 4 dice que «las ovejas lo siguen porque conocen su voz»; en el 14: «Yo soy el buen pastor; conozco a mis ovejas, y ellas me conocen a mí.»

Cuando equilibro las dos perspectivas de estos pasajes, lo que escucho es una voz tranquila con autoridad, liderazgo gentil y poder ilimitado pero que se controla.

Recuerdo haber visto una ilustración gráfica de este tipo de poder mientras pasaba las páginas de una revista. Una austera fotografía en blanco y negro me llamó la atención. Es probable que usted haya visto esta foto o una parecida: Un hombre joven, exquisitamente musculoso, desnudo de la cintura para arriba, con sus bíceps cincelados, pectorales abultados y abdominales ondulantes. Pero su pose no es la de un típico fisiculturista. Su cabeza está inclinada y no se le puede ver el rostro. Sostiene tiernamente en sus musculosos brazos a un pequeño bebé desnudo. Este es un cuadro perfecto de poder y fortaleza contenidos por el amor. Ese cuadro me hace pensar en Dios.

No puedo oír la voz de Dios por encima del estruendo en mi vida, si no sé lo que estoy buscando escuchar. Su voz, como dice el salmo, es majestuosa y poderosa. Pero no es un poder que intimida y domina. Es un poder moderado por la ternura.

Hay un pasaje maravilloso en 1 Reyes 19 que describe el lado suave de Dios. Es la historia del profeta Elías cuando se retira a una cueva en una montaña, después de una particular serie de acontecimientos en su ministerio.

Dios le dice al profeta que se ponga firme en la montaña porque su presencia está por pasar (v.11). El texto describe entonces un viento, un terremoto y luego fuego, pero después de cada uno de estos, dice, «pero el SEÑOR no estaba en el viento», «el SEÑOR no estaba en el terremoto» y, «el SEÑOR no estaba en el fuego» (v.12).

Entonces ¿dónde estaba el Señor?

«Y después del fuego vino un suave murmullo» (v.12). Esta es la manera como Dios habló a Elías; le mostró su poder, pero le habló en un murmullo.

Algunas veces esperamos un terremoto y fallamos en escuchar su susurro. Esperamos un golpe divino en la cabeza pero pasamos inadvertido el toque de Dios cuando la mano de nuestro pequeño toma la nuestra mientras atravesamos la calle.

Nuestra percepción de Dios o la falta de ella puede distorsionar su voz. Si desea escuchar el susurro de Dios, comience por prestar atención a lo que él realmente es y lo que usted cree ser en relación con él.

Desempaque su equipaje

Parte de mi percepción de Dios es el resultado del equipaje del pasado que llevo conmigo.

Algunos hemos crecido con una imagen de Dios como la de un juez lúgubre y señalador. Nos vemos como criminales condenados, o al menos, como violadores de la voluntad divina. Y en efecto, en parte lo somos. Pero vemos tanto la parte justa de Dios, y tememos, que nos intimida y ciega a ese otro aspecto de él que vierte gracia y misericordia sobre nosotros. No somos conscientes de cuán distorsionada es nuestra imagen unidimensional de él.

O escuchamos que Jesús sufrió y murió por nosotros; así que, imaginamos que él está esperando que le devolvamos el favor, por el resto de nuestras vidas.

A lo mejor para usted él es como un jefe exigente: listo para darle una mala evaluación, si no trabaja suficientemente duro o no hace exactamente lo que él espera.

Pero la Biblia no describe a Dios así sino como un tierno pastor. Muchas veces me es difícil imaginarlo de esa manera.

Quiero decir, que puedo cantar en la iglesia una canción acerca del buen pastor, o leer versículos en la Biblia acera de él, pero, ¿en realidad lo veo como tierno y protector, cuidando de mi bienestar, abrigándome y protegiéndome? En un mundo en el cual todos preguntan ¿qué cosa es lo que has hecho tú por mí, recientemente?, algunas veces imagino a Dios preguntando lo mismo.

Quizá también crecimos tratando de agradar a Dios evitando ciertos pecados, yendo a la iglesia, haciendo buenas obras de caridad, envolviéndonos en grupos de iglesia, leyendo la Biblia, teniendo una «hora quieta» de forma regular y sintiendo culpa cuando nos olvidábamos. Pensábamos que la única forma de estar «cerca de Dios» era sentándonos por dos horas, temprano en la mañana, leyendo con cuidado las Escrituras y orando lo más en serio posible. Usted sabe: «Oh Señor, eres bla, bla, bla... Te doy gracias, oh Señor, bla, bla, bla.»

Es verdad, la oración, la iglesia y la memorización de las Escrituras son esenciales; pero tengo que confesar que muchas veces me he sometido a tales disciplinas por motivos impuros. Casi siempre me hallo más centrada en cumplir mi trabajo o en lograr impresionar a Dios, de alguna manera, que en realidad edificar mi relación con él.

Quizá, también, sintamos que fuimos tan terribles pecadores antes de conocer a Dios, que aun cuando sabemos que nos perdonó, estamos de alguna manera seguros de que no desea hablar con nosotros este día. Sentimos que ya, de manera automática, logramos la admisión al cielo; mientras tanto, vivimos en un purgatorio autofabricado.

Algunas veces, como resultado de estas distorsiones, decido ganarme algunos méritos divinos. Es ahí cuando termino diciendo que sí a muchas cosas: Escribiendo solo un artículo más; ofreciéndome de voluntaria solo una vez al mes para la iglesia de niños; dirigiendo solo un grupo más... En secreto tengo la esperanza de impresionar a Dios y a las personas. Pero estoy aprendiendo que él no se impresiona. Ciertamente se complace en que sea generosa y diligente; pero cuando mi diligencia se convierte en una manera de evitar conexión íntima con Dios, mi vida se vuelve aun más caótica.

Dios, me he sorprendido al saberlo hace poco, desea intimidad en medio del caos; y yo también. Aunque él desea que aparte tiempo para orar por más de unos escasos momentos, sabe que esto no va a suceder cada día, al menos mientras mis niños sean todavía preescolares. Así que, mientras tanto, pienso, él desea vivir la vida conmigo, al manejar mi carro, cuando me reúno con algún cliente o al estar lavando los platos.

Otra sorpresa: A Dios le importa más lo que soy que lo que hago; y al parecer, esta es quien soy: su amada hija, sin ningún mérito propio sino por su gracia. Liberada por las vislumbres de esta verdad, aprendo a derribar las paredes que con cuidado he construido alrededor de mi definición de «tiempo con Dios».

Parece ser que la conexión real requiere que yo abrace esta verdad: es el trabajo de Cristo a favor mío, y no mis esfuerzos lo que me lleva ante su presencia. Conexión con Dios es centrarse en él y en lo que le puedo dar, y no lo que pueda obtener de él. Paradójicamente, esta clase de actitud desinteresada me produce gozo.

En nuestra iglesia, la primera parte del culto de mitad de semana, consiste, como siempre, de adoración y oración reflexiva. Cuando me hallo en el correcto estado de ánimo, enfoco en Dios y le entrego mi adoración como un presente, con excelencia. Pienso en cantar y orar solo a él, el Rey del universo. Cuando hago esto, experimento gozo: Libertad.

Pero si llego a adorar enredada en mis problemitas, pensando en lo que pueda obtener con mi adoración o en cómo sonará mi voz a las personas que me rodean, pierdo el gozo: Esclavitud.

Sucede lo mismo cuando oro. Al enfocarme en Dios y no en mi listica de lavandería, de solicitudes y quejas, me siento más cerca de él. Entro a su presencia: Libertad.

¿Autoconciente o egoísta?

Entre más entiendo cómo es Dios, más deseo estar con él. Es asombroso cuán disponible es esa oportunidad; sin embargo, no apreciamos lo que vale.

Mi habilidad para escuchar la voz de Dios es estorbada cuando mi autoconciencia se inclina hacia la autoobsesión.

La autoconciencia se vende como una fortaleza en nuestra cultura; pero cuando soy consciente de mí, estorbo mis propias oraciones. La oración que transforma, que me lleva hasta la presencia de Dios, se centra en él. Cuando estoy más consciente de mí, la oración se convierte en un ritual vacío y deja de ser una conversación.

Mi esposo y yo, como la mayoría de las parejas, tenemos desacuerdos. Él tiende a preocuparse (él ve esto como solo ser realista); yo, soy más del tipo de «todo va a estar bien» (yo lo veo como que tengo el don de fe). Estoy muy consciente de este rasgo de mi carácter y, francamente, lo considero como uno de mis fuertes. Pero cuando mi autoconciencia se convierte en egoísmo, lo acuso a él de ser falto de fe. Desde ahí estoy solo a un paso de la resbaladiza pendiente del orgullo de mi propia justicia. Mi autoconciencia me hace tropezar. No me acerca más a Dios, ni en lo que a esto respecta, me acerca más a la persona que más amo en la tierra.

Como la mayoría de las mamás ocupadas, a menudo hablo sola. No sé ni por qué. Quizá sea un indicio de cuán desesperadamente necesite una conversación adulta. Puedo estar, en efecto, sosteniendo una conversación sola y de repente darme cuenta de ello; luego, ser consciente, especialmente si hay personas alrededor. ¿Acaso meditaba en voz alta?

Asimismo, muchas veces, cuando oro pienso mucho acerca de mi oración, preguntándome si me estará escuchando Dios y sintiéndome consciente. Ya en ese punto no es una conversación.

En cambio, comienzo a pensar en círculos: ¡Qué bueno que estoy orando; tan rara vez tengo un minuto para mí; es maravilloso poder orar! ¿No es bueno que esté aquí, orando? Querido Dios, gracias porque estoy orando. Ahora, veamos respecto de qué voy a orar.

Creo que las conversaciones más sinceras llegan a mi mente cuando mis dos pequeños están llorando, y, sintiéndome al borde, digo: «¡Señor, ayúdame a no decir ni a hacer algo de lo cual tenga que arrepentirme... porque estos niños están enloqueciéndome!» Esta oración no es estructurada ni bonita, y no sigue ningún lindo patrón. Es una oración de «¡auxilio!», pero es escuchada. No es que desee que todos mis contactos con Dios sean en ese tono. Pero es relajante saber que no importa lo que le esté diciendo, él me oye. No necesito formalidad o perfección, ni incluso una buena actitud para tocar el corazón de Dios. También, es reconfortante saber, como dijo Brennan Manning, que «cuando tratamos de orar y no podemos, y cuando fallamos en ese sincero intento de ser compasivos, Dios a cambio nos toca tiernamente» (*El evangelio ragamuffin*).

Una invitación a la cual usted no podrá negarse

Es hermoso saber que Dios desea tener comunión con usted y conmigo; desea acariciarnos tiernamente, susurrarnos en medio del caos. Pero a veces es difícil imaginar esto porque él no parece estar disponible.

¿Por qué? La respuesta, pienso, es porque Dios no es físicamente visible. Pero puede ser tan real para nosotros si cambiamos la manera en que pensamos acerca de él.

Si Billy Graham me escribiera preguntándome si él y Ruth pudieran cenar en casa la próxima vez que pasaran por Chicago, yo cancelaría casi todo para poder darles la bienvenida en casa. ¿Por qué? Porque siento que estas personas, como líderes espirituales que son, me ayudarían a crecer y a aprender. De ellos esperaría obtener perspicacia y sabiduría, fortaleza y aliento.

Si el creador del universo entero dijera: «¿Podría desayunar contigo todas las mañanas? ¿Podríamos caminar juntos mientras realizas tus rutinas diarias? ¿Podría animarte y guiarte?» ¿Qué es lo que yo le respondería? Me gustaría decirle que sí, y eso es exactamente lo que él busca, pero muy a menudo digo: «Suena bien; te llamaré después», y lo dejo esperando, porque no me doy cuenta del privilegio que es hablar con Dios, y no lo valoro.

Véase como Dios le ve

Pienso que la razón por la cual no lo valoro y digo que no tengo tiempo para búsquedas espirituales, es porque no puedo verme como Dios me ve: profundamente amada. Ni siquiera puedo escuchar su invitación, o asumo que es para otras personas.

Henri J.M. Nouwen escribió el libro *La vida de mi amado* para un amigo que estaba inquieto acerca de las cosas espirituales. Nouwen le dice que Dios le ve, como ve a todas las personas, como «el amado». Cuán difícil es, aun cuando profeso fe en Dios, conocer esto y creerlo. Pero si deseo escuchar el susurro de Dios, necesito que esta verdad permee mi autopercepción, para que sea absorbida completamente a través del tejido de mi ser.

Cuando leí las palabras de Nouwen, comencé a ver a Dios de una manera nueva.

> Sí, existe esa voz, la voz que habla desde arriba o desde adentro y que susurra suavemente o declara en voz alta: «Tú eres mi amada, y sobre ti descansa mi favor». Ciertamente no es fácil escuchar esa voz en un mundo lleno de voces que gritan: «Tú no eres nada bueno; eres horrible; no vales nada; eres indigna, no eres nadie —a menos que puedas demostrar lo contrario». Estas voces negativas son tan altas y persistentes que resulta fácil creerles. Esa es la trampa; la gran trampa del autorechazo.

Tan a menudo nos engañamos al creer que el autorechazo al que se refiere Nouwen es en realidad, por lo menos en nuestro caso, simplemente humildad. Pero si rechazo mi identidad —una hija preciosa de Dios, por causa de Cristo Jesús— no soy humilde sino que estoy engañada. Mi crecimiento espiritual se halla estorbado debido a que no estoy participando del más grande alimento espiritual en el mundo: el abundante amor de Dios.

Usted es la amada. Se puede sentir humillada por esto. Así me siento yo. «¿Por qué yo?, nos preguntamos.» Puede descansar segura de que no es por ningún mérito suyo. Dios la creó y la amó desde el comienzo del tiempo, y nada que haga puede cambiar eso.

Dios no la juzga basándose en lo que haya hecho o en lo que no. Él la ve a través de Jesús. ¿Qué significa esto? Si puso su confianza en Cristo para que le perdone y le guíe, Dios no ve su pecado. Él ve su nuevo ser, perdonado. Y no importa dónde se encuentre en su jornada espiritual, él está completamente enamorado de usted.

En una de las más conocidas parábolas, la historia del hijo pródigo, Jesús intenta dibujar un cuadro de cómo es Dios. A pesar de la rebelión del hijo, que quebranta su corazón, el padre en la historia solo espera que regrese. En efecto, el hijo pecador regresa arrastrándose. Muchos de nosotros esperaríamos que el padre le hiciera pagar el dinero malgastado, o por lo menos que el hijo recibiera una buena reprimenda. Pero eso no es lo que sucede.

El padre hace fiesta y se regocija porque su hijo que creía perdido para siempre está vivo y con él. A pesar de que conozco esa historia desde pequeña, nunca deja de asombrarme.

Es difícil imaginarse a Dios como un padre que corre a abrazarnos aun cuando hacemos mal las cosas. Pero si no vemos a Dios como realmente es, nuestra comunicación con él se trunca. No escuchamos su voz —no porque no esté hablando— sino porque nosotros no esperamos que sea tan tierno, tan lleno de gracia y perdón.

> «Lo que bloquea el perdón no es la reticencia de Dios... sino la nuestra. Sus brazos están siempre extendidos; somos nosotros quienes nos apartamos... He meditado suficientemente en las historias de gracia de Jesús hasta permitir que su significado sea totalmente filtrado. Aún así, cada vez que confronto su asombroso mensaje, me doy cuenta de cómo el grueso velo de la ignorancia de esa gracia oscurece mi perspectiva de Dios.» (Phillip Yancey, *¿Cuál es lo asombroso de esta gracia?*)

Dios me ama; Dios le ama, no de una manera obligatoria o porque tenga que hacerlo. Él está loco por usted; aun cuando usted no quiera nada con él; anhela estar a su lado. Dios desea estar con usted, no solo para escucharla alabándole o dándole gracias, sino para confortarla y abrigarla como un padre, un padre perfecto.

«Por nuestra propia cuenta, ¿podría alguno de nosotros crear la noción de un Dios que ama y anhela ser amado?» Yancey escribe en *El Jesús que nunca conocí*: «Aquellos que crecen en la tradición cristiana, se pueden perder el impacto del mensaje de Jesús, pero en verdad, el amor nunca ha sido una forma normal de describir lo que sucede entre los seres humanos y su Dios. Ni una sola vez el Corán aplica a Dios la palabra amor.»

Él es un Dios que anhela ser amado, y yo soy su preciosa hija a quien él ama. Cuando veo con claridad estas dos sencillas, pero profundas verdades, comienzo a hacer el cambio de paradigma. Desde el momento en que empiezo a darme cuenta de quién realmente es él, sé que puedo confiar.

Dios en verdad tiene presente mi bienestar. Su poder me protege y no me va a herir. Pero el próximo paso en mi jornada probará mi habilidad de confiar en él y que es capaz de sacarme de un tipo de caos jamás experimentado.

Para reflexionar

1. «¡Jerusalén, Jerusalén, que matas a los profetas y apedreas a los que se te envían! ¡Cuántas veces quise reunir a tus hijos, como reúne la gallina a sus pollitos debajo de sus alas, pero no quisiste!» (Lc 13:34.) Jesús está hablando de su gente. ¿Qué significa «recogerse bajo las alas de Jesús?» ¿Qué cosas le indisponen para que Jesús pueda hacer esto?

2. Escriba: «Cuando Dios piensa en mí, él piensa.» Luego, anote lo que le venga a la mente. Si su lista consiste mayormente de sus antiguos pecados y dificultades, lea la historia del hijo pródigo en Lucas 15.

3. Note cómo el padre enfoca no en los pecados pasados sino en la reconciliación. Añada palabras como «especial» y «un tesoro» en su lista. Si encuentra difícil creer que Dios la ve de esta manera, ¿cuáles serían algunos de los pasos que daría para ayudarle a crecer en este ámbito?

«El grueso velo de la ignorancia de la gracia oscurece mi visión de Dios», escribe Philip Yancey. ¿Qué es lo que ignora de la gracia de Dios en su vida que oscurece su perspectiva de Dios?

Piense en las etapas pródigas de su vida. ¿Cuáles tentaciones le alejaron de Dios? ¿Qué le trajo de regreso a Él? ¿Experimentó el perdón, como el hijo pródigo, o acaso su culpa y pena ocasionaron que no disfrutara de la gracia?

3

.....

Aprenda a confiar

Era una tarde tranquila de febrero. Me encontraba en la cocina con mi pequeña hija, que tenía veintidós meses de edad para ese entonces. Yo trataba torpemente de desocupar la lavadora de platos mientras ella pretendía «ayudarme». Yo tenía más de ocho meses de embarazo y me sentía cada vez más frustrada por el reto de lo que debió ser una simple tarea. Al final, senté a Melanie a la mesa con un libro de colorear y crayones y me dirigía al lavaplatos, cuando escuché la puerta escaleras abajo abrirse y cerrarse.

«¿Scott?», llamé. No hubo respuesta. Miré el reloj: todavía no son las tres. Bajé las gradas. ¿Qué estás haciendo en casa?

Dejó caer una caja de cartón llena de archivos, fotos enmarcadas y un vaso para café en el piso, los vio y luego me miró, con ojos desesperados, derrotado: «Sears hizo despidos hoy; perdí mi trabajo.» Sus palabras quedaron suspendidas en el aire por un momento, mientras lo observaba incrédula.

«Ah, mi amor». Puse mis brazos alrededor de él. Pero mientras reflexivamente me acercaba para consolarlo, mi cabeza empezó a dar vueltas con preguntas llenas de pánico: ¿por qué está sucediendo esto? ¡Voy a tener un bebé en un par de semanas! Dios, ¿dónde estás?

Dos semanas después nuestro hijo nació. Scot estuvo en casa enviando su currículo durante uno o dos meses después de que Aaron naciera. Abrumada por la ansiedad de nuestra circunstancia y tratando de cuidar a dos pequeños en pañales, me apoyé pesadamente sobre él. Preocupada por el futuro de nuestra familia y la situación financiera, él también se apoyaba sobre mí. Pero Scot estaba en casa, y esta era solo una de las bendiciones escondidas en esta prueba.

El trabajo que Scot anhelaba no resultó. Decidió hacer un cambio de carrera y vender propiedades a tiempo completo, un deseo que había mantenido desde hacía unos años.

Así que, aquí estábamos, con el dinero de la indemnización a punto de terminarse, mi esposo en un trabajo ganando por comisión, en un nuevo campo, y yo en casa con dos bebés. Era más de lo que me sentía capacitada para manejar. Trataba de mantener una apariencia de fortaleza, pero por dentro me estaba derrumbando. Me sentía deprimida, triste y sola. Y me consideraba como una tonta por sentirme así. Siempre había sido fuerte, y ahora sencillamente no lo era.

Reviso las hojas de mi diario personal de esa etapa de mi vida, y veo cuán escasos fueron los momentos que tenía para escribir oraciones desesperadas y momentos de locura frustrantes en los cuales culpaba a Scot, cuestionaba a Dios, y me sentía totalmente perdida y abrumada. No tenía ni tiempo ni energía para escribir, orar, leer, cosas que previamente habían sido parte normal de mi día, como comer y dormir. Había creído que Dios era digno de confianza, pero ahora tenía problemas para confiar en él.

Cuando en ocasiones leía mi Biblia, me tropezaba con versos como Santiago 1:2,3: «Hermanos míos, considérense muy dichosos cuando tengan que enfrentarse con diversas pruebas, pues ya saben que la prueba de su fe produce constancia.» Mi primer pensamiento fue: *Sí, claro.*

Cuando mis niños lloraban, a menudo al mismo tiempo, me sentía abrumada, hasta el punto que los miraba frustrada y lloraba. «¡Dejen de llorar! ¡Dejen de llorar!» Por supuesto, al ver mis lágrimas ellos lloraban aun más fuerte. Así que los tres nos sentábamos a llorar por unos cuantos minutos, hasta que mi pobre hija me decía: «Mami, no llores.» Me sentía una madre terrible.

En *El problema del dolor*, C.S. Lewis escribe que «Dios nos susurra en nuestros placeres, nos habla en nuestra conciencia, pero nos grita en nuestros dolores: Este es su megáfono para despertar a un mundo sordo.»

Al principio no podía escucharlo gritando. Francamente, ni siquiera estaba escuchando. Estaba demasiado ocupada gritándome: «¿Por qué me está sucediendo esto? ¿Dónde estás?»

Pero Dios estaba allí. Experimenté su presencia en formas sencillas, solo cuando podía escuchar por un momento. Dios estaba presente: en el apacible rostro de mi hijo mientras lo alimentaba; en las sabias palabras del consejero cristiano que me ayudó a sobreponerme a la ira y la tristeza; en las tazas de café que compartía con mi mejor amiga, quien había dado a luz a su segundo hijo apenas tres meses antes que yo y podía entender algo de lo que yo estaba pasando, al menos en la parte de la crianza de los niños.

Algunas veces Dios estaba ahí, en esa tranquila presencia que solo decía: «Te amo y te entiendo; no importa lo que estés atravesando, jamás te dejaré. Yo me encargaré de ti.» El versículo de Santiago era verdad: las pruebas producen constancia. Seguía hacia adelante, y a medida que lo hacía, descubría la fidelidad de Dios y que es digno de confianza.

Entregue la billetera

Orar, «danos hoy nuestro pan de cada día» cobra un nuevo significado cuando, de repente, al único proveedor de pan se le acaba la provisión. Pero la situación nos permitió ver cuán generoso es Dios. Ganar dinero a través del trabajo crea la ilusión de que estamos en control, que es nuestro sudor o cuán inteligentes somos lo que provee para sufragar nuestras necesidades, y no la generosidad de Dios. Es cierto que debemos cumplir nuestra parte, pero todo lo que tenemos viene de Dios. No podía verlo hasta que fuimos obligados a confiar completamente en él.

Cuando mi esposo perdió su trabajo, recibió una indemnización equivalente a su pago regular por catorce semanas. También recibía del gobierno una cantidad de dinero por desempleo, aunque hubiese recibido la indemnización de su antiguo trabajo, lo cual nos permitía recibir un cheque adicional del estado cada semana. Así que, durante algún tiempo, después de ser despedido, nuestro ingreso aumentó, aun cuando Scot el único trabajo que hacía era enviar su currículo y acudir a entrevistas de trabajo. ¡Ah, sí!, y luchar con un bebé recién nacido, una ligeramente celosa niña de dos años, y una maníaca esposa posparto! Pero el hecho de que recibía su pago de alguna manera era consolador.

Hubo también otras señales tangibles del cuidado de Dios. La semana después de que Scot fue despedido, recibimos cinco diferentes cheques por correo, todos dividendos inesperados de inversiones o pagos por proyectos de escritos realizados por mí algunos meses atrás. A pesar de mis sentimientos aplastantes de tristeza, sentía que Dios estaba asegurándonos de manera tangible que estaría presente para sufragar nuestras necesidades. También me recordaba que él estaba en control. Me preparaba para cuando el paquete de indemnización y el cheque de desempleo se agotaran y tuviéramos que empezar a reducir los ahorros. Pero Scot comenzó a vender casas antes de que los ahorros se agotaran, y aun cuando el ingreso no era regular, al menos estaba allí nuevamente.

Estar en casa, en donde trabajo sin recibir pago alguno, es aterrador para mí, fuera que Scot estuviera trabajando o no. Aun cuando a veces genero algún ingreso con trabajos independientes de artículos que escribo, he tenido que aprender a ser económicamente dependiente de mi esposo. Yo no podía regresar a mi trabajo cuando Scot perdió el suyo. ¿Quién contrataría a una mujer que parecía haberse detenido a una entrevista de trabajo camino a la sala de partos?

Escuchar el susurro de Dios requiere confianza. Tenemos que creer que lo que él dice es la verdad. A menudo esta confianza se desarrolla a través de la prueba. Estar sin trabajo es una gran prueba de confianza.

Porque, si realmente no confío en Dios, toda la idea de vivir en su presencia es tontería. ¿Por qué habría de conectarme íntimamente con alguien en quien no confío? ¿Por qué desearía ser guiada por él y saber su opinión? Para que la confianza crezca, debe ser probada. De otra manera, es solo teoría, solo hipótesis. Que Dios es fiel debe ser probado, y a menudo esto sucede en el caos.

Dios sana el disquete

Mientras escribía este libro, tuve un percance con mi computadora. Me disponía a sacar mi manuscrito, cuando aparece de repente una aterradora cajita en la pantalla de mi computadora diciendo: «daño irreparable en el disquete». Oré por el disquete; lo maldije. Traté tres o cuatro veces de obtener el archivo, sin ningún resultado. Traté, hablándole a la computadora: «¡Vamos! ¿Qué ocurre?»

A la mañana siguiente me fui a correr y mientras trotaba, oré: «Señor, ¿por qué está ocurriendo todo esto? Pensé que querías que escribiera este libro, y ahora ¿deseas que lo escriba nuevamente?»

Mientras trotaba, me llegó un pensamiento, como si Dios se estuviera riendo entre dientes: «¡Solo te estoy dando otro capítulo!» Me detuve en mi camino; estaba escribiendo acerca de confiar en Dios, pero realmente no confiaba en él en lo concerniente al libro. Dios parecía decirme: «Deja de quejarte y ora con fe; luego, solo confía en mí.»

Llamé a un amigo experto en computadoras para que me ayudara con el problema del disquete. Cuando nos disponíamos a sacar el archivo, sorprendentemente, apareció el manuscrito entero. Rápidamente lo archivé en el disco duro y en otro disquete. Agradecí a mi amigo, quien realmente no había hecho nada, y luego agradecí a Dios por rescatar mi archivo de la computadora. Todavía no sé cómo sucedió todo esto. Atribuyo a la intervención divina tanto el problema como la solución: una fastidiosa y concreta lección objetiva acerca de confiar en Dios, no solo en las grandes crisis, como el desempleo, sino también en todos los detalles pequeños de la vida.

Yo estoy contigo

Una cosa es decir que confiamos en Dios, y otra tener que hacerlo porque todo lo demás en lo cual descansamos desaparece. Cuando la confianza se convierte en algo más que teoría, crece. Yo no deseaba estar en casa con dos bebés y un esposo desempleado, pero era ahí exactamente donde Dios me quería tener.

Al principio pensé: estoy atravesando esta prueba para algún día mirar atrás y ver su propósito. Pero no fue así, exactamente. Yo atravesaba esa prueba porque Dios deseaba enseñarme algunas cosas allí mismo. No podría entenderlas cuando la prueba terminara. Debía aprenderlas en el momento, en ese tiempo: Dios es digno de confianza; él está en control y no yo. Yo creía conocer estas cosas antes de que todo esto pasara. Pero no vivía como si eso fuera verdad. Todo comenzó a cambiar cuando no tuve otra opción más que confiar en él.

Mirando hacia atrás me doy cuenta de que necesitaba inscribirme en este curso de confianza para posgraduados. Tenía que darme cuenta de mi dependencia de Dios, no solo vocacional y financieramente, sino también en mi papel de madre.

Hasta que mi hijo nació, me había considerado (no muy humildemente) una gran madre. Mi hija era precoz. Caminó, habló y aprendió sus A-B-Ces muy temprano. Me adjudiqué mucho del crédito en todo esto; después de todo, había leído una gran cantidad de libros para padres en mi librería local, y había hecho un excelente trabajo aplicando los principios a la crianza de mi hija, o al menos, eso era lo que yo pensaba. Le leía diariamente desde que ella tenía solo dos semanas. Trabajaba en casa dos días a la semana; tenía la cuestión de carrera-maternidad en equilibrio perfecto: Era una supermamá.

¡Ja!

Un poco antes de que Scot fuese despedido, sentí como que Dios me decía que tomara tiempo para concentrarme en la maternidad y en ministrar a mis niños. Muy bien, Dios, confío en ti, pensé. Como a la mitad de mi embarazo empecé a decir no a los trabajos independientes. Con un solo ingreso y un presupuesto cuidadoso podríamos lograrlo. Yo podía hacer esto. Mis hijos me necesitaban. Dios cuidaría de nosotros.

¿ Ah, sí?

En el primer año caótico de la vida de mi hijo tuve que dejar de intentar ser la madre perfecta. Por momentos fui una madre patética. Pero admitirlo fue el primer paso para llegar a ser una mejor madre. En lugar de golpearme por ser imperfecta, comencé a orar. Al principio mis oraciones no eran muy bonitas, pero al menos oraba. Y buscaba ayuda: de otros padres, de un consejero, de cualquiera que yo pensara que Dios podría usar para guiarme.

«Dios, te necesito aquí», oraba. «No puedo hacer esto sola.» Él era el nudo al final de mi cuerda.

En medio del caos Dios no va a susurrar: «Me llevaré tu dolor»; tampoco dirá: «haré que todo sea suave y fácil». Él solo promete que estará con usted.

Mientras escribo acerca de estos dos años, yo misma me asombro. Dios ha bendecido tanto los esfuerzos de Scott en su nueva carrera. Él se ha convertido en uno de los agentes principales de su oficina, y está siempre tan ocupado que casi ni lo veo. Por supuesto, ese es otro asunto con el que estamos trabajando, como una prueba de que nadie vive «feliz para siempre», hasta que lleguemos al cielo. Pero en ese tiempo de prueba, Dios jamás nos abandonó. Él tuvo cuidado de nosotros física, emocional y espiritualmente.

Hoy puedo ver el fruto de las pruebas por las cuales pasamos. Mi habilidad de confiar en Dios es mucho más grande. Cuando Scot tiene un mes difícil y no vende muchas casas, yo confío en que Dios pondrá un nuevo cliente en su camino. Y Dios lo hace. Cuando supimos que nuestro carro necesitaba un nuevo motor que costaría unos cuantos miles de dólares, pude confiar en que Dios proveería los fondos, y así sucedió. Cuando estoy lista para renunciar como madre, él añade un poco más de sabiduría para ayudarme a amar mejor a mis hijos y a mí misma.

Dios es fiel, y cuando creo esto lo suficiente como para confiar en él, siento su presencia más concretamente. Pero para ir más profundamente a su presencia necesito practicar el escuchar. Para mí, aprender a escuchar fue el próximo paso en la jornada.

Para reflexionar

1. Piense en un tiempo cuando una circunstancia difícil le obligó a confiar en Dios. ¿Qué fue lo que hizo difícil el que pudiera confiar? ¿Acaso Dios le mostró su fidelidad? Si fue así, ¿de qué manera lo

hizo? ¿Qué cosa fue lo que aprendió acerca de usted y de Dios, como resultado de esto?

2. ¿Se preocupa acerca de sus finanzas? ¿Cómo influye su preocupación en su actuar? ¿Acaso se presiona o presiona a su cónyuge para ganar más dinero? (Pida a su cónyuge una evaluación sincera de esto.) Describa un tiempo cuando vio a Dios proveer para sus necesidades materiales.

3. ¿Acaso las personas más cercanas a usted (padres, cónyuge, mejores amigos) han sido generalmente dignos de confianza? ¿Piensa que esto afecta su habilidad para confiar en Dios?

4. ¿Qué pasos específicos ha dado para enseñarles a sus hijos a confiar en su Padre celestial?

4

.....

Desarrolle un corazón que escuche

Mientras preparo la cena, el microondas zumba y luego pita. Mi hija, en su lugar preferido para el atardecer, reclama: «¡Quiero algo para comer!» El bebé necesita que le cambie el pañal y mientras lo llevo escaleras arriba, mi hija grita cada vez más alto. «¡No; no te puedo dar algo de comer ahora!», le respondo, perdiendo el control. «¿No puedes esperar solo dos minutos? Cenaremos tan pronto cambie este pañal.»

Melanie corre a su habitación, llorando. Mi hijo lloriquea. El teléfono suena, pero dejo que la contestadora automática tome la llamada. El que llama cuelga. El tono del teléfono y luego el pito de la contestadora hacen eco en la cocina.

En un mundo con tanto ruido, muchas veces no sé a qué escuchar. Pero he aprendido que para desarrollar un corazón que sepa oír se requiere dejar de poner atención a ciertas cosas: dejar de ver la televisión o apagar el radio como «ruido de fondo»; dejar de escuchar lo que los publicistas y mis contemporáneos me dicen que debo tener, escuchar y saber.

La paradoja de desarrollar un corazón que sabe escuchar es que requiere silencio. Pienso al respecto. Si mis niños me bombardean con preguntas y no paran de hablar hasta que yo les responda, a menudo debo comenzar con un «¡Shhh!; escuchen».

Comencé a pasar tiempo en silencio. Cuando los niños estaban pequeños y los dos dormían la siesta, yo me sentaba sobre el sofá y trataba de no hacer nada, excepto estar quieta y en silencio. En lugar de mirar televisión o leer una revista, o incluso, orar en un monólogo de pedidos a Dios, trataba de aquietarme un tanto y escuchar su lado de la conversación.

En la noche, en lugar de sentarme por una hora o más frente al televisor, usaba el tiempo después que los niños se habían acostado para limpiar la cocina en medio de un silencio meditativo.

Las mamás no tenemos mucho tiempo en silencio. Pensé que el silencio me haría falta, pero descubrí que me había acostumbrado tanto al ruido que al principio me sentí bastante incómoda sin este. Fui la primera en quejarme del ruido, aunque temía el vacío del silencio. Pero mientras persistía en visitar el lugar del silencio, cada vez se volvía para mí más cómodo ir allí.

«Aun cuando el silencio algunas veces envuelve la ausencia del habla, siempre implica el acto de escuchar», escribe Richard Foster en *Celebración de la disciplina.* «Simplemente refrenarse de hablar sin que el corazón escuche a Dios, no es silencio.»

El silencio es una isla en el océano del ruido. Gústele o no, tenemos que ir allí para escuchar el susurro de Dios. Si vamos a escuchar su voz, primero debemos hacer «shhh» y luego escuchar. No solo a él sino también a sus criaturas.

Practique escuchando a las personas

En su clásico libro sobre la comunidad cristiana, *La vida juntos*, Dietrich Bonhoeffer escribe: «El primer servicio que uno debe a los demás en la comunión consiste en saber escucharles. Así como amar a Dios comienza con escuchar su Palabra, de la misma manera el comienzo del amor hacia el hermano es aprender a escucharlo. El amor de Dios por nosotros no solo se manifiesta al darnos su Palabra sino también cuando nos escucha. De manera que cuando aprendemos a escuchar al hermano estamos haciendo el trabajo de Dios.»

Santiago 1:19 nos exhorta que debemos «estar listos para escuchar, y ser lentos para hablar y para enojarse». Por supuesto, cuando hacemos las primeras dos, la tercera será mucho más fácil.

¿Qué significa «estar listo para escuchar»? Cuando converso con los demás, ¿realmente trato de escuchar y entenderles, o simplemente uso el tiempo en el que ellos hablan para pensar acerca de lo que yo diré después? ¿Escucho apenas en parte lo que ellos están diciendo y luego me pierdo tratando de preparar un sermón de consejo en esa parte mientras ellos terminan de hablar?

En la medida en que a propósito empecé a escuchar a Dios, comencé también a tratar de escuchar a las personas. Cuando me encontré a mí misma envuelta en conversaciones de adultos (una rareza que debería apreciar un poco más de lo que lo hago), realmente escuché en atento silencio. Como resultado de esto, encontré una nueva perspectiva en la insignificancia relativa de mis palabras en relación con lo que la otra persona trataba de decir, o lo que Dios trataba de decirme a través de ellos. Fue extraordinario. Me pregunté: ¿Qué tal si realmente tratara de escuchar a otros —digamos, a mi esposo— en esta manera?

Escuchar en forma activa comienza con la habilidad de comprometerse emocionalmente sin hablar. El comunicar cuidado y atención a través de nuestra expresión y lenguaje corporal, más que con nuestro consejo, no es fácil. Pero entre más escucho, desarrollo mejor mis habilidades para escuchar. Si me convierto en una persona buena para escuchar a los demás, puedo comenzar a escuchar mejor a Dios. Me convierto en una oidora.

¿Cómo puedo hacerlo? Comienzo por lo básico: cerrando mi boca. La disciplina del silencio es una que puedo practicar tanto a solas como estando con otras personas. Como dice la Biblia: «sé lento para hablar». Pero eso no es suficiente.

También dice: «Está listo para escuchar». Pienso que esto significa estar atento; no solo dejar de hablar sino comprometerse completamente a escuchar. La próxima vez que tenga una conversación, trate de poner atención, pero realmente hágalo con todo su ser, de frente a la persona, mirando a sus ojos, no interrumpiendo. No se desenfoque pensando en qué sabiduría va a dispensar.

La técnica sencilla de «asentir» acerca de lo que una persona nos ha dicho, repitiéndolo o parafraseándolo transforma cualquier conversación. Haciendo esto nos convertimos en mejores oidores, y aquellos con quienes conversamos abren su corazón con más voluntad. Mientras cuentan más acerca de sí mismos, aprendemos más de ellos. También les ministramos. Nos movemos hacia Dios llevándolos con nosotros.

Acérquese a la conversación suavemente, como una oportunidad de aprender acerca de alguien, para permitirle a Dios tocarle a usted a través de esa persona. Revise lo que le han dicho, usando frases como: «escuché que dijo». Anime a la persona a hablar, preguntando: «¿qué sucedió después?», en lugar de saltar ofreciendo un consejo no solicitado.

Cuando comencé a esforzarme a practicar estas cosas, noté que mis interlocutores se sentían un poco incómodos; pero descubrí que si persistía, sería recompensada, no solo con mejores hábitos para escuchar sino también con amistades más estrechas. Al practicar esta forma suave de escuchar, no solo extendía gracia a alguien sino que inesperadamente encontré que mi propia alma era alimentada.

El escuchar de esta manera no solo animará a la persona a hablar, sino que hará que le diga a usted más de lo que esperaba o necesitaba saber; esto probará su paciencia. No tema cuando la persona desnude su alma mucho más de lo que la modestia sugiere. Acéptelo; dígase a sí misma y a la persona, que está bien. Los sentimientos son válidos, tanto como hablar de ellos. Su habilidad para escuchar a la persona sin emitir juicios le permitirá a ambos escuchar el susurro de Dios con mayor claridad.

Escuche a Dios

Mientras pensaba en desarrollar un corazón hábil para escuchar, me di cuenta que para hacerlo tendría que asentar mi propia agenda. Esto es difícil. Si usted está en casa todo el día con niños pequeños, seguramente ansía conversar con alguien más que sus niños. Enfocar en las necesidades de los demás le hace a usted anhelar que alguien enfoque en las suyas. Si trabaja fuera de casa, puede sentirse exhausta por tener que ajustarse a las necesidades de sus clientes, su jefe y sus compañeros de trabajo todo el día, y luego, llegar a casa a una familia necesitada. No tiene tiempo de escuchar a nadie más. Pero un corazón que sabe escuchar enfoca en el otro, sea este un niño, un amigo, un cliente o Dios mismo. Cuando nos enfocamos en los demás, Dios nos habla.

Ha habido momentos cuando mis niños me hablan, y me hablan, y me hablan y yo digo: «Ajá, ajá, ajá»; de repente mi hija se detiene y me dice: «¡Mami, no estás escuchando!» Desafortunadamente, algunas veces ella tiene razón.

La mayoría de las veces Dios nos habla a través de las personas. Por supuesto, también usa otros métodos para comunicarse. Algunas veces usa la Biblia, como cuando un versículo parece saltar de la página porque aplica directamente a nuestra situación. Él también nos insta o nos guía de modo que podemos sentirlo en nuestro interior intuitivamente: sabemos cuando algo es moralmente correcto, o lo que debemos hacer, y su Espíritu parece empujar nuestra alma para hacer las decisiones correctas. Otras veces usa el mundo natural para recordarnos su poder creativo: una espectacular puesta del sol, un arco iris, una cascada, una montaña.

Pero con más frecuencia, Dios usa las personas a nuestro derredor para guiarnos y enseñarnos. Así que, necesito prestar más atención a lo que otros dicen. ¿Con quién pasa usted la mayor parte del tiempo: con sus hijos o con su jefe y compañeros de trabajo?

Dios usa personas de toda edad y de diferentes niveles de vida para comunicarse con nosotros. A mí siempre me está hablando a través de mis niños, debido a que con ellos es que paso la mayor parte de mi tiempo. Su tema favorito cuando los usa a ellos es: confianza.

Cuando Melanie tenía como dieciocho meses de edad, y yo estaba embarazada de Aaron, volamos a California a visitar a mis padres para el día de Acción de Gracias. Usé un boleto de viajero especial para mi hija y para mí. Si ella se sentaba en mi regazo, o lo que quedaba de este en aquel punto de mi embarazo, ella volaría gratis. Sin embargo, el costo de un boleto regular de esa aerolínea para mi esposo era cerca del doble de la tarifa que conseguimos en esa otra aerolínea. Así que, mi esposo viajó en un avión mientras Melanie y yo fuimos en otro. El viaje a California fue largo, pero relativamente sin contratiempos.

De regreso a casa, el piloto nos informó que tendríamos que volar a través y alrededor de varias tormentas de nieve. Al escuchar esto le dije a Melanie: «Necesitamos orar por papi para que todos lleguemos a casa a salvo», y lo hicimos, allí mismo en nuestra silla en aquel avión.

El clima siguió empeorando. El vuelo de cuatro horas a Chicago se convirtió en uno de cinco, y luego de seis horas. Después de dar interminables vueltas sobre Iowa, esperando la orden para poder entrar al aeropuerto O'Hare, fuimos forzados a aterrizar en la parte baja del Estado en Peoria, Illinois, para abastecer de combustible el tanque. Se hablaba de que tendríamos que quedarnos allí toda la noche. Pero finalmente despegamos nuevamente hacia O'Hare.

Cuando por fin aterrizamos en Chicago y vi como un pie de nieve sobre la vía del taxi, sentí temor. El mal clima no es raro en Chicago, y los grupos de trabajo del aeropuerto trabajan mucho mas rápido que los grupos de la calle para remover la nieve. Pero las autopistas aún estaban enterradas y la nieve seguía cayendo. Unos amigos nos recogerían, pero yo no sabía si ya estarían allí. Ignoraba cuándo llegaría el vuelo de Scot, que había salido como una hora después del mío. Mis amigos podrían estar atrapados en la vía y el avión de Scot podría estar estacionado en alguna autopista en Peoria o Des Moines.

«¡Ay, Melanie! ¿Qué haremos para recoger a papi?», dije más para mí que para ella.

«Orar», me contestó, con sus ojos azules mirando directo a los míos. Antes que pudiera responder a esta perla de sabiduría, ella movió sus brazos como un predicador y dijo en voz alta: «¡Amén, Mami! ¡Amén, Papi! ¡Amén, Melanie!»

La gente alrededor de nosotros en el avión sonreía. Yo casi lloré, al haberme sido recordada, a través de mi hijita, la fidelidad de Dios. Al final tuvimos que esperar a Scot un rato, pero llegamos a casa a salvo. ¡Y nunca más tomamos vuelos separados!

Al cultivar mi habilidad para escuchar, he encontrado que mi relación con Dios ha sido afectada grandemente no solo por quién, sino también por qué cosa escojo escuchar. Cuando siento que no puedo orar pues mis pequeñitos están tratando de sentarse en mi regazo, entonces me pongo a escuchar una cinta con música de adoración. Así convierto el momento de distracción en una oportunidad para abrazar a mis niños y cantarles acerca de Jesús.

Si escojo esforzarme para ir a la iglesia a escuchar a algún maestro santo revelar la verdad para mí, es mucho mas fácil conversar con Dios al día siguiente que si hubiese escogido hacer otra cosa diferente que ir a la iglesia. Pero en este punto necesito tener cuidado, pues a menudo, mientras escucho en la iglesia, estoy pensando: ¡Fulano y zutano debían estar aquí para escuchar esto!, en lugar de preocuparme por la viga que va creciendo en mi propio ojo. Pensar en lo que otros aprenderían si fueran a la iglesia, en vez de enfocarme en lo que yo debo aprender, es un tipo de orgullo y un pecado que va mucho más allá que una esporádica falta de asistencia a la iglesia. De lo que necesito preocuparme es de lo que Dios me está diciendo a mí, no de lo que le estaría diciendo a otro si estuviera allí.

A veces lo que escucho o a quien escucho, puede influenciar mi comportamiento y mi conexión con Dios de una forma negativa. Si ando por el parque de juegos con otras mamás, y ellas comienzan a chismear acerca de alguien que no está presente, me siento incómoda. Eso es porque me enfrento a una decisión: me uno a ellas, me quedo escuchando o me retiro. Aun cuando la segunda opción, quedarme escuchando sin decir nada, parece ser la «mejor», no lo es realmente, pero desafortunadamente es la que más a menudo escojo. No deseo difamar a nadie pero tampoco confronto a las chismosas, pues no quiero arriesgarme a ser el tópico de su próxima sesión. Sin embargo, si me quedo y escucho su discusión negativa, mi conexión con Dios puede ser seriamente afectada.

Mientras me esfuerzo por desarrollar un corazón que sabe escuchar, aprendo que Dios tiene mucho que decirme y que es tierno, bueno y poderoso. Sabía, debido a que me había sacado de tantas pruebas, que él era fiel. Estoy aprendiendo a escucharle. Pero algunas veces hay asuntos internos que bloquean mi habilidad para oírle. El próximo paso en mi jornada es comenzar a trabajar con estos asuntos, el mayor de los cuales es la culpa.

Para reflexionar

1. ¿Qué cosa es lo que está drenando la pequeña y tranquila voz de Dios en su vida? Describa un tiempo en el que se sintió altamente conectada a Dios.

2. Piense en alguna ocasión en la cual alguien realmente le escuchó y permaneció centrado en usted. ¿Cómo se sintió? Use este tipo de escuchar activo en una conversación con alguna amiga esta semana. ¿Qué sucede? ¿Cómo se siente al respecto? Use la información que obtenga de esa conversación para comenzar una conversación continua con Dios de modo que usted pueda orar por esa amiga.

3. ¿Cúales son algunas de las cosas que escucha que resultan en influencias negativas para su alma?

4. ¿Piensa que es posible seguir la instrucción de la Biblia «consideren bien todo lo verdadero, todo lo respetable, todo lo justo, todo lo puro, todo lo amable, todo lo digno de admiración, en fin, todo lo que sea excelente o merezca elogio»? (Filipenses 4:8). ¿Por qué?

5

.....

Deshágase de la culpa

Mi amiga Lynn y yo nos sentamos sobre el sofá en el salón familiar tratando de disfrutar de una conversación y una taza de café, mientras nuestros muchachos, de quince y dieciocho meses, zumbaban alrededor nuestro como aviones de combate: inclinarse, balancearse, estrellarse, recuperarse... prepararse para el nuevo lanzamiento. Mi hija de tres años también estaba en el piso, tratando de construir un elaborado castillo de bloques. Cada cinco minutos uno de los niños hacía un aterrizaje de emergencia en la mitad de una torre, y ella chillaba: «¡Mami, están arruinando esta cosa que quiero hacer!»

Lynn y yo interrumpíamos una que otra frase en nuestra conversación con un «¡Tengan cuidado!», «¡Despacio!» o «¡No toquen eso!» No sabíamos si reírnos o llorar acerca de nuestro intento de conversar, mientras arbitrábamos riñas a la vez que tratábamos de evitar que los chicos nos regaran el café.

«¿Tienes horas quietas?», me preguntó Lynn en un tono de confesión. «Quiero decir, desde que él se levanta hasta que se va a dormir no tengo un minuto para mí.»

Ella no era la primera en preguntar eso. También yo había sentido las mismas punzadas de culpa. Consideraba un día exitoso cuando pudiera encontrar tiempo a solas para bañarme;

ni pensar en un tiempo de oración o estudio de la Biblia. ¿Cómo es posible que pueda encontrar mucho tiempo para golpearme por no pasar tiempo suficiente con Dios, y no puedo tener cinco minutos solo para conversar con él? Pero eso está cambiando. Estoy aprendiendo acerca de vivir en su tierna presencia y en su gracia ilimitada.

La culpa es una emoción improductiva. Es real, pero sentirla no nos lleva a ninguna parte. No inspira acción sino más culpa. Dios, a pesar de los mensajes no pronunciados que recibimos en nuestra niñez, no está en el negocio de la «culpa». Es más, su mensaje central es: «No culpable; perdonado».

Muchos asentirán con la cabeza, dando su aprobación. Pero, ¿cómo nos movemos —emocional o espiritualmente— hacia adelante en nuestra jornada cuando la culpa levanta bloques en el camino? Antes de que podamos vivir en la presencia de Dios, necesitamos derribar el muro a prueba de sonidos de la culpa que nos impide escuchar su voz.

Creo que la mayoría de los cristianos sienten diferentes niveles de culpa acerca de su vida espiritual. ¿Cuánto es suficiente? ¿Cuánto tiempo de oración, de estudio de la Biblia, de horas rellenando sobres en la oficina de la iglesia? Casi todos estamos dispuestos a venir a la fe «tal como somos» y de aceptar la salvación solo por la gracia de Dios. Entonces, ¿por qué pensamos que una vez que somos adoptados en su familia, las reglas, de alguna manera cambian y somos obligados a mantener nuestra posición? Las acciones que simplemente deben ser nuestra agradecida respuesta a la gracia se tuercen convirtiéndose en reglas que debemos mantener para permanecer dentro del favor de Dios. Esta confusión resulta en legalismo y atrofiamiento espiritual.

Brennan Manning lo presenta de esta manera: «Nuestras malacrianzas para impresionar a Dios, nuestro trabajar para lograr puntos, nuestros intentos por tratar de arreglarnos mientras escondemos nuestras mezquindades y nos sumimos en la culpa, son repugnantes para Dios y son una rotunda negación del evangelio de la gracia.» (*El evangelio harapiento.*)

Me preocupa que no ore suficiente o de forma correcta, o que no le esté dando a Dios suficiente tiempo o energía. Esta manera de pensar nunca ha reducido el caos en mi vida o ha fortalecido mi conexión con él. Más bien ha puesto distancia entre nosotros. Cargada de culpa, imagino a Dios sentado en un rincón donde suelo orar, observando su reloj y tratando de averiguar por qué no tengo tiempo de sentarme a estudiar las Escrituras y alabarlo por horas. Pero esto, estoy aprendiendo, es una manera equivocada de pensar.

Fije nuevos puntos de referencia

Cuando una empresa desea saber cómo le va en comparación a sus competidores, examinará ciertas áreas de otras compañías: productividad, beneficios de empleados, la calidad de la gerencia y otros. Estableciendo puntos de referencia, la compañía podrá medir su progreso, dónde le va bien y dónde necesita un plan para mejorar.

Como madre suelo enlodarme de culpa y frustración, si uso los puntos de referencia equivocados cuando se trata de crecimiento espiritual. En la cultura de la iglesia en la cual crecí, y también en el Colegio Univesitario Cristiano al cual asistí, la manera en que las personas medían si usted estaba creciendo o no, era indagar desde dos puntos de referencia: ¿Tuvo usted una «hora quieta» diaria, y, leyó su Biblia? Cuando alguien preguntaba: «¿y cómo está su caminar en estos días?», no se refería a su habilidad de propulsarse moviendo sus piernas. Ellos trataban de saber si usted estaba siguiendo las reglas espirituales. ¿Oró de forma correcta esta y cada mañana? ¿Leyó su Biblia? Lo que era importante era si usted aplicaba, y no tanto lo que hubiera leído.

Además de esto, había otros puntos de referencia que determinaban si usted era un cristiano: ¿Fumaba usted, bebía o apostaba? Si hacía algo de esto, su declaración de ser cristiano ciertamente era sospechosa. Y por supuesto, usted no estaba creciendo.

El estudio de la Biblia y la oración son cosas buenas. El beber, fumar y apostar no lo son. Pero ninguna de ellas son puntos de referencia que debemos usar para determinar nuestro crecimiento.

Entonces, ¿cuál debe ser la pregunta? ¿Estamos cambiando? ¿Nos estamos pareciendo más a Jesús? ¿Estamos haciéndonos más pacientes, más benignos, más amorosos, más tiernos?

La mayoría de las mamás que conozco se sienten culpables acerca de todo, desde el cuidado diario de los niños hasta los pañales desechables. Las mamás cristianas no siempre se destacan por sus vidas transformadas. Están simplemente a la misma estatura de las demás mamás en cuanto al departamento de culpa.

Las mamás, además de las cosas normales que les abruman (desde amamantar al bebé o darle el biberón, hasta sufrir sus rabietas y entrenarlo para usar el retrete) también se preocupan al ver cómo sus vidas espirituales parecen estar deslizándose porque no tienen un minuto para ellas, o si están siendo mamás «santas», o si sus niños crecerán para conocer a Cristo o rechazarlo.

Esto no es asunto de ser una supermamá. Espero que ahora que llegamos al siglo veintiuno estemos bien adentro de la era posterior a la supermamá, al darnos cuenta de que no podemos hacer todo y tenerlo todo. Ni siquiera deseamos «todo» necesariamente.

Lo que deseo no es poder hacer todo sino tener una nueva perspectiva en todo lo que hago; permitir que mi trabajo como madre y cualquier otro trabajo que haga contribuya a mi crecimiento espiritual.

Aprenda de sus errores

Mis niños y yo estamos sentados para cenar. «Yo oraré», anuncia mi hija. «Querido Jesús, gracias por la comida, y gracias.» De su pequeño hermano emanan ruiditos como de un pequeño cachorro, «Nnnn... Nnnn... Nnn».

«¡Aaron!, ahora tendré que comenzar de nuevo», dice ella en un tono molesto. «Querido Jesús, gracias por la comida y por mami.»

«Nnn... Nnnn», interviene Aaron nuevamente. Yo aprieto su mano, pero esto no lo tranquiliza. Melanie comienza otra vez.

«Querido Jesús, gracias ...»

«Estoy mirando», dice Aaron, abriendo sus ojos observándome y sonriendo. Yo muevo mi cabeza en señal de desaprobación y suspiro.

«¡Aaron!», grita mi hija desesperada.

«Melanie, no empieces nuevamente». «Continúa y solo ignóralo», le dije.

«No puedo. Querido Jesús...»

«Mmmmmmmmm», dice Aaron.

«¡Aaaaaj!, grita Melanie».

«Ya dejen eso los dos. Quédense callados y yo oraré» ordeno y en voz bien alta digo: «Señor, gracias por la comida. Amén.»

Bien, pienso, molesta, mientras corto los palitos de pescado de los niños en pedacitos pequeños: ¿Qué es exactamente lo que acabo de enseñarle a mis niños? A través de mi impaciencia ¿acaso acabo de destruir cualquier posibilidad de un tiempo significativo de oración compartida? ¿O acaso esa posibilidad solo existe en mi imaginación?

Como ven, tengo mucho camino por recorrer aún como madre. Me equivoco bastante. Pero, ¿qué habría hecho usted en esa misma situación? Este es solo un ejemplo del tipo de situaciones con las cuales me enfrento a diario y solo una de las maneras en las que permito a la culpa sacar de proporción una situación. Pero Dios perdona. Ahora, si estoy aferrada a la culpa, no puedo agarrarme del perdón.

Cuando mis niños cometen errores, muchas veces yo me impaciento, pero trato de confortarlos con perdón. ¿Por qué es entonces tan difícil para mí aceptar el perdón de Dios por mis defectos?

Existe una razón por la cual Jesús nos enseñó a llamar a Dios «Padre». Él trataba de darnos un cuadro más claro de lo que Dios realmente es. Desea consolarnos, mostrarnos su amor, aceptarnos a pesar de nuestros errores. Cuando renuncio a la culpa, puedo recibir su consuelo con los brazos abiertos.

¿Es esta una etapa de crecimiento?

El crecimiento espiritual y la transformación son posibles aun durante los años que usted está criando preescolares. A decir verdad, esos años que aún experimento en toda su plenitud desordenada, pueden ser agonizantemente difíciles pero asombrosamente fructíferos en lo espiritual. Solo necesitamos nuevos puntos de referencia.

Un nuevo grupo de puntos de referencia son los frutos del Espíritu, enumerados en Gálatas 5:22,23: Amor, alegría, paz, paciencia, amabilidad, bondad, fidelidad, humildad y dominio propio. ¿Cómo le va con estos? ¿Le permite a Dios usar las circunstancias de su vida para hacerle una persona más amorosa y tierna? No vamos a ser más gozosos solo por tratar de serlo. Debemos estar atentos a las oportunidades de sentir y expresar gozo; de reír en lugar de regañar, cuando nuestros niños solo se portan de forma tonta; de escoger el perdón antes que el resentimiento con nuestros compañeros de trabajo o con nuestro esposo.

Cuando cambiemos nuestro paradigma y renunciemos a sentirnos culpables porque no nos levantamos antes que nuestros hijos, a las 5:00 de la mañana para leer y orar, le permitiremos a Dios usar nuestras circunstancias para cambiarnos y hacernos más como él. Esto no quiere decir que no debamos encontrar tiempo para estar a solas en oración (habrá más de esto en un próximo capítulo), sino que debemos renunciar a la culpa. En lugar de establecer puntos de referencia con la soledad y la oración, trate de ver cómo le va en la disciplina del servicio y la perseverancia a través de las pruebas diarias, como servir la comida.

Cuando está tratando de preparar la cena y su pequeño de dos años toca la parte de percusión de la Obertura 1812 sobre sus ollas y sartenes, y su hija de tres años está colgándose de sus piernas, llorando: «¡Tengo hambbbrrrreeeeee!», es más desesperante que nada, pero puede ser una tremenda oportunidad para desarrollar paciencia. Desafortunadamente, no podremos hacerlo a menos que vivamos en lugares donde de vez en cuando algo nos haga perderla.

El tiempo a solas con Dios puede ayudarnos a crecer, pero también el servir a los demás. En lugar de sentirnos culpables acerca de cuán poco tiempo tengo a solas con Dios, necesito ver cómo es que puedo conectarme con él en medio de mi caos.

Me la paso la mayor parte del día sirviendo a dos pequeñas y preciosas, pero muy necesitadas personas. Tengo oportunidades para ejercitar la paciencia y la ternura cuando derraman cosas, caminan lento, se olvidan, vuelven a botar algo... Puedo mostrar mi amor en acciones tangibles como hacer emparedados de mantequilla de maní y mermelada de fresa. Estos momentos «cuentan» en el crecimiento espiritual.

Tenemos la tendencia a pensar que solo la contemplación callada, o quizá servir en un viaje misionero o como voluntaria en la oficina de la iglesia «cuenta» a los ojos de Dios. Nada más lejos de la verdad, y nada podría ser más frustrante para una madre que descubre que cuidar a sus niños es todo lo que ella puede hacer.

Aquí está una buena noticia para las madres: Todo ese aparentemente insignificante servicio que usted hace —recoger el desorden, limpiar las narices (y otras partes del cuerpo), preparar las comidas, vestir, desvestir, bañar a los niños— todas esas cosas cuentan ante los ojos de Dios. Usted se está envolviendo activamente en la disciplina del servicio. Si puede ver esto como tal, cada parte de su día será una forma de conectarse con Dios.

Y todos los aspectos que abarca ser una madre que ama, como el modo en que ellos corren a sus brazos cuando usted regresa del trabajo, acurrucarse juntos a la orilla de la cama para leerles una historia antes de ir a dormir, o secar sus lágrimas; esos detalles cuentan también, porque complacen el corazón de Dios.

Y Dios no anda restando puntos de una gigantesca pizarra en el cielo porque usted se perdió su «hora quieta». Él está observando el modo en que corta la parte exterior del emparedado de mantequilla de maní y mermelada, y cómo lo corta en forma de triángulo, porque esa es la forma en que a su pequeño de dos años le gusta, y Dios le dice: «Bien hecho, buena y fiel sierva.»

Cuando renuncio a la culpa escucho el susurro de Dios más claramente. Pero mi vida aún permanece enredada. Si quiero darle más espacio a Dios, debo pensar seriamente en cómo deshacerme de algunas cosas en mí que no le dan lugar.

Para reflexionar

1. ¿Cuáles son las tres cosas que más culpable le hacen sentirse como madre? ¿Por qué?
2. ¿Cuáles son los puntos de referencia con que creció, en relación con su desarrollo espiritual? ¿Cúales nuevos puntos de referencia le gustaría usar?
3. ¿Está de acuerdo o en desacuerdo con la premisa de que sus años como madre de niños pequeños pueden ser fructíferos espiritualmente? ¿Por qué?

6

Mantenga las cosas sencillas

«¡Hola! ¿Señora Kent? Es Jackie de Los Veteranos Americanos. Estaremos en su área la próxima semana y deseamos saber si hay alguna cosa que quisiera donar.»

«Seguro, puedo tener algunas cosas», contesté. Cada dos meses, aproximadamente, Jackie llama. Casi siempre reúno una o dos bolsas de ropa, juguetes o cualquier otra cosa que dono para los pobres. Es un buen incentivo para limpiar el ropero, además de que es deducible de los impuestos.

Pero esta vez, al acercarse la fecha de recolección, coloqué una caja al frente del corredor y empecé a limpiar los roperos en serio. Sentía urgencia de poner todo en la caja. Pero ese deseo luchaba contra otro que quería guardar todo en caso de que algún día lo pudiera necesitar.

¿Por qué será que me cuesta deshacerme de algunas cosas cada dos meses? ¿Por qué no puse las cosas que están en la caja frente al corredor en la caja de hace dos meses? Es como si tratara de abrir forzadamente, un dedo a la vez, mi puño cerrado con el cual me aferro a mis posesiones. ¿Qué cosa es lo que me detiene de abrir mis manos?

Estoy aprendiendo que si de veras quiero vivir en la presencia de Dios, necesito deshacerme de algunas cosas no esenciales. Siento un fuerte deseo de simplificar. Pero ¿que cosa es lo que esto realmente significa?

¿Significa que debo deshacerme de más ropa y juguetes? Quizá signifique no comprar más de estos por algún tiempo. El simplificar, ¿reduciría el caos en mi vida, permitiéndome que me acerque más a Dios?

Simplifique lo sencillo

El antídoto para el caos es la sencillez. Esto es verdad, tanto si usted estudia mecánica cuántica como si arregla flores.

Encuentro lo siguiente bien interesante: Durante los últimos cien años la vida se ha vuelto infinitamente más compleja, pero la última tendencia en estilo de vida es aquella de «simplificar». Los jóvenes estudiantes universitarios que abrazaron el consumo escandaloso y dijeron «la codicia es buena» durante la caravana ascendente de 1980, ahora navegan en un rumbo diferente. Últimamente, todos, desde los expertos en diseño interior hasta los reductores corporativos están diciendo: «Entre menos, más.» Tener muchas cosas y pasar mucho tiempo ganando más dinero para tener más cosas es parte de lo que hace la vida caótica.

Hay cientos de libros, la mayoría de ellos apuntando hacia los antiguos jóvenes universitarios, quienes desean saltar de la pista rápida, ofreciendo consejo acerca de cómo cortar gastos, reduciendo la cantidad de cosas que amontonamos y regresando a lo básico.

«Cuando usted se detiene a pensar en esto, no nos sorprende que muchos de nosotros deseemos simplificar», escribe la antigua inversionista en el campo inmobiliario, ahora convertida en la autora simplista, Elaine St. James, en su libro *Viva la vida sencilla.* «Nunca antes en la historia de la humanidad, las personas han podido poseer tanto, viajar por muchos lugares y hacer tantas cosas. Nos hemos desgastado tratando de tenerlo todo. Y ahora estamos listos para ver otras opciones.»

En verdad, de acuerdo a algunas estadísticas, uno de cada tres americanos han cambiado sus carreras, reducido la cantidad de horas de trabajo, o hecho cambios en sus estilos de vida para poder mejorar notablemente la calidad de esta, aun cuando esto signifique una reducción en su pago.

Hay un buen número disponible de libros excelentes acerca de cómo simplificar nuestros hogares, acortar nuestros horarios, limpiar nuestros roperos y organizar nuestras vidas. Pero me he encontrado a mí misma necesitando algo más que reducción de cosas amontonadas.

Sencillez de otro tipo

La tradicional disciplina cristiana de la sencillez va más allá de eliminar las posesiones o limpiar los roperos, como Richard Foster hábilmente describe en su libro *La libertad de la sencillez.* Él explora las paradojas que componen lo que llama «la complejidad de la sencillez».

> La sencillez es una gracia porque nos es dada por Dios... Por supuesto, no debemos olvidar el otro polo de nuestra tensión, porque la sencillez es también una disciplina... Lo que hacemos no nos da la sencillez, pero también nos coloca en el lugar donde podamos recibirla. Presenta nuestras vidas delante de Dios de tal forma que pueda trabajar en nosotros la gracia de la sencillez.

Mientras pasaba la semana, acumulaba cosas adicionales en la caja del corredor en el frente, y pensaba: aún tengo muchas cosas. ¿Será que no estoy simplificando? ¿Cuántas cosas tengo que poner en la caja para llegar al lugar donde pueda recibir la gracia de simplificar?

Mientras oraba y reflexionaba acerca de lo que la sencillez significa, me di cuenta de que tiene más que ver con el contentamiento que con cuantos vestidos tengo. Mis cosas no son las únicas cosas en el camino.

Pablo escribió a los Filipenses: «Sé lo que es vivir en la pobreza, y lo que es vivir en la abundancia. He aprendido a vivir en todas y cada una de las circunstancias, tanto a quedar saciado como a pasar hambre. Todo lo puedo en Cristo que me fortalece» (Filipenses 4:12,13).

La verdad acerca de mí es que estoy más contenta en abundancia que en necesidad.

Pero al haber pasado por la lucha y frustración del desempleo y la incertidumbre de un cambio de carrera, había aprendido que Dios es fiel en los tiempos de necesidad. Tan fiel, que en verdad, siempre tuvimos abundancia en los tiempos de escasez. Y eso, creo, es lo que Pablo está diciendo. Cuando nos centramos en Dios, primero, nos damos cuenta de que podemos estar contentos porque Dios se encargará de sufragar nuestras necesidades de comida y techo, y de paz en tiempos de conflicto. Nos dará valor, no para tirar todas nuestras posesiones sino para asirnos de ellas con manos agradecidas y abiertas.

«La disciplina cristiana de la sencillez es una realidad interior que resulta en un estilo de vida exterior», escribió Richard Foster en *Celebración de la disciplina* en 1978, décadas antes de que la sencillez se pusiera de moda. «La realidad interior de la sencillez involucra una vida de despreocupación gozosa por las posesiones.»

¿Despreocupación gozosa por las posesiones? Yo quiero tener eso. Pero hay algunas posesiones a las cuales es más difícil renunciar que a otras. Empecé a preguntarme qué me motivaba para mantener algunas cosas.

Trofeos en el armario

La mitad del armario en el cuarto de mi hija está ocupado con ropas de negocios que compré diez años atrás, y usé hasta que renuncié a trabajar en una oficina para comenzar la aventura de ser madre. A pesar del hecho de que estos son trajes hechos a la medida, clásicos, enfrentémoslo: se ven viejos. No los uso para ir a la iglesia, y cuando hago trabajos independientes, casi siempre lo hago por teléfono; así que, no los necesito para nada.

Para el momento cuando necesite usar esos trajes nuevamente, si es que alguna vez llego a necesitarlos, la mayoría estarán fuera de moda. Ya muchos de ellos lo están. Sé que el gris de rayas que usé para mi primera entrevista de trabajo, está pasado de moda. Su valor es solo sentimental.

Pero, ¿por qué todos los demás? Quizá porque pagué por ellos lo que parecía ser mucho, o quizá porque no quiero que mi guardarropas entero consista de sudaderas y franelas es que los mantengo en el fondo de mi ropero.

Son como trofeos, esos trajes a rayas «hechos para triunfar». No deseo usarlos porque las personas en la tienda de alimentos o en el parque de juegos encontrarían esto bien gracioso, si lo hiciera. Pero alguna vez, cuando fui mujer de carrera a tiempo completo, me los puse orgullosamente. Para mí, mis cosas tienen que ver con orgullo. Deseo mostrar a las personas mis cosas, mis trajes. Es como si quisiera decirle a los demás: «No siempre compré mis ropas en Target.» Yo hice cosas relevantes y también usé ropa importante. Llevé puestos trajes de poder, no franelas desteñidas.

Las cosas a las que me aferro, que se amontonan en mi mundo físico, crean barreras espirituales que no me permiten escuchar la voz de Dios en el caos. Cuando renuncio a las posesiones que realmente no necesito, y a las actividades que me mantienen muy ocupada, encuentro más fácil un lugar tranquilo dentro de mi alma.

Con ojo sencillo

En *La libertad de la sencillez,* Foster escribe acerca de tener lo que la Biblia llama «ojo sencillo», o sea, un enfoque singular en Dios que hace nuestras vidas sencillas porque nuestra conexión con él es nuestra prioridad principal. Mucho antes de que el simplificar se convirtiera en la tendencia de moda que nuestros jóvenes universitarios abrazaran, los héroes de la fe cristiana la practicaban abrazando este concepto del «ojo sencillo». Ellos no fueron motivados por el deseo de tener un armario ordenado —muchos de ellos ni siquiera poseían uno o más de un juego de armarios. En cambio, fueron motivados por un simple propósito: amar a Dios.

Tomemos por ejemplo a Juan el Bautista. No estoy interesada en seguir sus recomendaciones de dieta (langostas y miel) o moda (vestido con pelos de camello); pero él resumió bastante bien el lema de la sencillez cristiana cuando dijo esto acerca de Jesús: «A él le toca crecer, y a mí menguar» (Juan 3:30).

Como la versión Reina Valera lo presenta: «Es necesario que él crezca, pero que yo mengue.» A mí me gusta eso. En la medida en que logramos deshacernos de nuestras cosas y soltamos todo aquello con lo cual tratamos de definirnos, menguamos. Pero eso es solo la mitad. La mayoría de los simplificadores jóvenes universitarios se pierden la otra mitad: Él debe crecer. ¿Qué es lo que debo hacer para que la presencia de Cristo aumente en mi vida?

La sencillez, para mí, trata acerca de hacer espacio en mi vida para que Dios crezca. Y es aquí donde la parte de la disciplina entra, disciplinas tales como la oración, el silencio y la soledad.

Dios crece cuando paso tiempo con él: cuando trabajo arduamente y hago arreglos para que mi esposo, una amiga o una niñera cuide a mis niños por la mañana, y uso el tiempo, no para ir de compras o a hacer alguna diligencia, sino para caminar en el bosque o sentarme en un lugar tranquilo solo para estar con Dios. Suena extravagante, o quizá imposible, pero no lo es realmente. ¿Cómo va Dios a crecer cuando está opacado por las demandas urgentes de mi trabajo, mis niños, mi esposo? ¿Cómo puedo centrarme en él cuando todo el mundo a mi alrededor está saltando para arriba y para abajo y poniendo sus necesidades frente a mí?

Lo que es bien sencillo para mí es esto: Jesús es el amado de mi alma. Así de simple. En esto es que quiero centrarme. Pero vivo en una casa enredada, tanto literal como figurativamente. Tengo que cocinar, limpiar, pagar las cuentas y trabajar. Tengo que invertir energía emocional en mis niños, esposo y amigos. Es cierto que así como doy también recibo en mis relaciones. Pero hace la vida un tanto caótica y desordenada. No parece muy sencillo la mayor parte de las veces.

Mi vida llega a ser un poco más simple cuando me mantengo enfocada, con ojo sencillo, en Jesús. Cuando me ocupo de mi familia, puedo centrarme en Jesús conociendo que lo que hago por ellos, lo hago por él, como hablamos en el capítulo anterior.

La sencillez tiene que ver con reducir la velocidad. Para escuchar el susurro de Dios, para vivir en su presencia, necesito tranquilizarme. No solo ponerme en neutro por cinco minutos, con el motor ronroneando para poder tachar la «hora quieta» de mi lista de cosas por hacer cada día. Necesito quitar mi pie del acelerador y manejar más lento todo el tiempo. Si desacelero mi vida y lo hago más deliberadamente, empiezo a vivir en la presencia de Jesús momento a momento. Cuando empiece a dejar de dividir en compartimentos mi vida espiritual, cada faceta de mi existencia se convertirá en espiritual.

Renuncie a «Tengo que»

A pesar de la tendencia hacia la sencillez, todavía soy bombardeada por mensajes que dicen: «tienes que» obtener más y mejores cosas, pues las que tengo ya no sirven y deben ser reemplazadas.

Encima de todo, siento la presión de diversas fuentes acerca de lo que «tengo que» hacer: trabajar más, presentarme más como voluntaria, leer más a mis niños, mantener mejor la casa y así sucesivamente.

Para mí, simplificar es oír a Dios en lugar de escuchar los mensajes de nuestra cultura y creer que realmente está bien que no siempre mantenga mi casa perfectamente limpia, o a veces hasta razonablemente limpia. Que está bien que algunas veces no me vea o sienta amorosa; que no siempre sea paciente con los niños o que no siempre tenga las cosas bajo control. Mi vida es un desastre.

De esa aceptación de mí misma, la gracia de Dios me lleva a la sencillez, a que me enfoque en el que mantiene todas las cosas en la perspectiva correcta. Cuando renuncio a mantener niveles imposibles, comienzo a vivir en la presencia de Dios.

Pero en cuanto simplifico, me doy cuenta de esto: paso la mayor parte de mi tiempo con dos personitas que traen desorden y complicaciones a mi vida a diario, quizá hasta por hora. Repetidamente, ellos examinan mi habilidad de permanecer conectada a Dios. ¿Cómo puedo unir a mi fe mi manera de criar? ¿Qué cosa es lo que Dios desea enseñarme en medio del caos que mis niños traen por el simple hecho de existir?

Para reflexionar

1. Imagínese que se está mudando y es tiempo de empacar. Busque en los armarios y gavetas. ¿Cuáles artículos piensa que vale la pena empacar, mudar y desempacar? ¿Cuáles botaría o regalaría?

Si no son lo suficientemente importantes para llevárselos, ¿por qué se los lleva?

2. ¿Qué puede hacer para simplificar su horario? Aun cuando no pueda donar unos cuantos de sus niños «extra» (tan tentador como esto pudiera sonar a veces) o ajustarse un poco y dejar su trabajo (¿o quizá podría hacerlo?), algunos cambios son más factibles de lo que usted imagina. ¿En cuántas actividades extra está involucrada?

¿Cuántas horas trabaja?

¿Qué es lo que puede eliminar?

3. «Si todo lo que hay dentro de nosotros está pegado al sencillo tesoro de Cristo y su reino, vivimos a la luz de la sencillez», escribe Richard Foster en *La libertad de la sencillez.* ¿Es Cristo su «único tesoro»? ¿Qué otros tesoros, tales como carrera, posesiones, maternidad, educación o popularidad, compiten por ser su principal prioridad?

4.¿Por qué el «enfocarse en Cristo» simplificaría su vida? ¿Cuáles pasos daría para reordenar su vida y hacer a Cristo su enfoque principal?

7

.....

Experimente la presencia de Dios en la crianza de los hijos

A medida que el caos de la carrera en mi vida menguaba, el caos familiar aumentaba. No solo tenía dos niños de menos de dos años de diferencia, sino que, como antes mencioné, mi marido perdió su trabajo justo antes de que mi segundo hijo naciera.

El tipo de caos particular creado por los niños es complejo: los padres dan la bienvenida al caos que los niños traen a sus vidas; sin embargo, anhelan momentos de paz para escapar de este. Otras veces, estar en casa con dos niños pequeños es aburrido. Se siente como si usted realmente no estuviera haciendo mucho, pero tampoco puede ir a hacer algo más productivo. Para una perfeccionista recuperada y una adicta al trabajo, este asunto de criar fue un intervalo.

Cuando mi hija nació, aún me encontraba en la modalidad de logros extremos. Había decidido ser una gran madre. Durante mi embarazo había devorado libros acerca del desarrollo de los niños, a la misma velocidad que comía helados por galones, de Edy's.

Una vez que ella nació, llevaba una libreta de control de las veces que la amamantaba y por cuánto tiempo. No quiero que piense que soy más compulsiva de lo que realmente soy. La razón principal por la que llevaba este control, es que estaba tan privada de mis horas de sueño que no podía recordar ninguna de las cosas que hacía. ¡Temía el olvidar alimentarla!

No debí preocuparme. Mi querida hijita había heredado mi apetito, al parecer, y deseaba comer cada dos horas, a menudo por casi una hora y un lapso de tiempo. Como todos los bebés, era muy buena dando a conocer sus necesidades. Un día sumé las horas en mi libreta de control, y me di cuenta de que solo alimentar a la pequeña tragaldabas era el equivalente a un trabajo de medio tiempo. ¡Con razón consideraba todo un éxito el lograr doblar la ropa limpia! Por cierto, para ese momento había decidido tirar la libreta de control a la basura.

Me asombró, totalmente, de que una pequeña personita pudiese ocupar todo mi día. Recuerdo uno en particular, cuando mi hija tenía tan solo un par de meses, que mi esposo llegó a casa después del trabajo y vio las pilas de ropa acumuladas y la cantidad de platos sin lavar y dijo: «¿Y que es lo que has estado haciendo todo el día?» Lo miré con cansada resignación y señalé a Melanie, recostada sobre una cobija en el piso, moviendo alegremente sus brazos y piernas. Me parece que por primera vez ese día ella no había estado llorando ni comiendo. «La mantuve viva», dije. Nunca me identifiqué mejor con la Escritura que dice: «soy ofrecido como un sacrificio» que esas primeras semanas de la vida de mis hijos, cuando el alimentar, cambiar pañales y ropas repetidamente, más alimentar y siestas ocasionales eran parte de mis días y mis noches.

Lecciones de vida

Las cosas no se hicieron más sencillas a medida que mis niños crecieron (me refiero a que alcanzaron la edad de preescolares). Se hicieron un tanto más fáciles, porque pude dormir un poco más, pero no más sencillas.

Antes de que ellos nacieran, no tenía (como la mayoría de las personas que no tienen niños) ninguna pista acerca de cómo criarlos. Juré que mis niños no tendrían ningún tipo de lecciones formales o escolares hasta que tuvieran cinco años. Estaba segura de que su imaginación florecería si ellos no eran moldeados por actividades estructuradas. Pero pronto comencé a pensar nuevamente acerca de esta estrategia. El simple hecho de las temporadas de invierno en Chicago, y los retos de tener que encontrar actividades creativas para realizar dentro del hogar para dos precoces y enérgicos preescolares, se sobrepuso a mí. Permití clases ocasionales del parque de distrito y dos mañanas en la guardería infantil de la iglesia mientras yo tomaba clases de ejercicios en la iglesia.

Eso estuvo bien hasta que mi hija comenzó a tomar clases de ballet. Melanie pareció disfrutar por varios meses, pero de repente, antes de cumplir los cuatro años, entró a una fase en la cual desarrolló un miedo irracional a lecciones de cualquier tipo. «¡No quiero ir», sollozaba; «solo quiero estar con mami!»

De no haber estado hablando con Dios mucho antes de que esto sucediera, la situación ciertamente hubiese abierto el final de la conversación. «¿Qué debo hacer Señor? Ella dice que desea aprender ballet, pero cuando llega a la clase, solo desea marcharse.» ¿Estaría ella manipulándome, o realmente estaba asustada? ¿Acaso debía permitirle renunciar? ¿Debía forzarla a ir? A mí me sonaba como una propuesta en donde se pierde de cualquier manera. Si le permitía renunciar, estaba segura de que crecería sin nunca cumplir con sus compromisos. Si la forzaba en contra de su voluntad a continuar, la veía necesitando terapia dentro de veinte años, hablando del daño sicológico infringido sobre ella por una madre tiránica.

Finalmente había leído algunos libros de David Elkind (*El niño apresurado* y *la mala educación: Los preescolares en riesgo*) y decidí dejarla renunciar a sus clases de ballet. Pero no puedo evitar pensar que si me hubiese mantenido aferrada a mis ideales originales de sencillez para mis niños, hubiese evitado la agonía de tener que decidir si debía forzar a la niña a sus clases de ballet o no.

He visto padres que inscriben a sus niños en tres y cuatro diferentes clases, de modo que tengan algún tipo de actividad cada día. En mi opinion, este tipo de exceso en la planificación para la vida de los niños es angustiante, especialmente en los años preescolares. Y si trabaja usted fuera de casa, tener que llevar a los pequeños a karate, a clases de baile tap y al club de ajedrez, restringe aun más su tiempo para estar con ellos.

Por supuesto, permanecer en casa todo el día con los pequeños puede ser muy angustioso. Encontré un terreno intermedio, digamos, inscribiéndome en clases para padres e hijos, en las cuales podía permanecer con los niños evitando un poco las clases tan estructuradas como las de ballet. Para darme un descanso, continué asistiendo a mis clases de ejercicios, y los niños parecían disfrutar el tiempo ameno de juego con los otros niños en la guardería de la iglesia. En mi vida estos límites han reducido mi caos. Mis niños han conocido otros niños; yo conozco otras madres; es una oportunidad para salir de casa.

También he descubierto que mis niños disfrutan más las salidas conmigo que las clases de padres e hijos. Caminamos a través de una reserva natural cerca de nuestra casa, o vamos a explorar un nuevo parque en otro vecindario. Visitamos el zoológico, un museo infantil o hasta algún centro comercial.

Me gustaría haber sido lo suficientemente sabia para evitar las lecciones de ballet. Pero, probablemente no habría aprendido algunas cosas acerca de mi hija y de mí misma que necesitaba aprender. El caos está allí por alguna razón, para firmemente contrastar con la paz sencilla de Dios.

Regalos sencillos

Aun cuando los niños añaden al caos, también son expertos en la sencillez y en dar regalos sencillos.

Como mencioné anteriormente, mi esposo frecuentemente trabaja por las tardes, pero su itinerario le permite también a menudo estar en casa por las mañanas. Una mañana se levantó con los niños, dejándome dormir un poco más, después de una noche dura, la cual había comenzado cerca de las 3:00 de la madrugada, cuando Melanie despertó de una pesadilla y se trepó en la cama al lado mío, con sus fríos piecesitos contra mis piernas, impidiéndome dormir. Después de abrazarla y confortarla un poco, la llevé nuevamente a su cama, para después volvernos todos a dormir. Pero Aaron nos despertó nuevamente a todos antes de las 7:00.

Después de una maravillosa hora y media de dormir, me desperté cuando la puerta de mi habitación se abrió. En tropel apareció mi preciosa familia. Aaron, orgullosamente me entregó una servilleta y un tenedor; Melanie, un vaso de jugo, y Scot, me trajo un plato de huevos revueltos, tostadas y ruedas de manzana.

«¡Mami, te hicimos desayuno!», dijo Melanie, trepándose a la cama conmigo. «¿Puedo probar un poco?» Todos nos sentamos en la cama grande y compartimos los huevos y manzana, mientras los niños me contaban cómo habían ayudado a romper los huevos y a ponerle mantequilla a las tostadas.

Mi esposo y mis niños no dijeron algo profundo, que conmoviera la tierra. No me contaron lecciones de teología, ni siquiera un versículo bíblico. Su regalo no fue perfecto, (encontré unos cuantos pedacitos de cáscara dentro de los huevos). Sin embargo, me mostraron tanto amor que alimentaron mi alma. Mi esposo me demostró lo paciente que es como padre y lo amoroso que es como esposo. Mis niños me trajeron su típica exhuberancia. Su regalo fue muy sencillo, un regalo de Dios, y yo lo recibí con gratitud.

Momentos sencillos, regalos sencillos, llegan a mi vida cuando he limpiado el camino de todo lo innecesario: todo lo acumulado física, emocional y espiritualmente. Si estoy tan enredada, los momentos vienen y se van sin siquiera darme cuenta. Dios estará a la puerta y tocará, pero yo estaré demasiado distraída como para darme cuenta.

Para reflexionar

1. La próxima vez que observe a sus niños en el parque, en el campo de futbol o jugando mientras usted dobla su ropa limpia, haga tiempo para conectarse con Dios. Ore por ellos con sus ojos abiertos, mientras los observa. Déle gracias a Dios por ellos. Pida su protección sobre ellos para ese día y para el resto de sus vidas. Ore por su desarrollo espiritual. Piense acerca de amar a Jesús, amando a sus hijos.

2. ¿En cuántas actividades están involucrados sus hijos? Si son más de una o dos, ¿cómo podría simplificar sus vidas?

Si son preescolares, ¿cómo piensa que responderían si les dijera que no tienen que ir al ballet, a las clases de futbol o cualquier otra clase? ¿Cómo se sentiría usted?

Si tiene niños mayores, ¿qué piensa que sucedería si les pidiera dejar una o dos de sus actividades extracurriculares?

Mateo 18:1-4 dice: «En ese momento los discípulos se acercaron a Jesús y le preguntaron: ¿Quién es el más importante en el reino de los cielos? Él llamó a un niño y lo puso en medio de ellos. Entonces dijo: Les aseguro que a menos que ustedes cambien y se vuelvan como niños, no entrarán en el reino de los cielos. Por tanto, el que se humilla como este niño será el más grande en el reino de los cielos.» ¿Qué significa «volverse como niños pequeños»?

3. ¿Cuáles son los rasgos admirables del carácter de sus hijos? Describa su fe en en sí misma como madre. ¿Tiene usted una fe similar en Dios?

8

.....

Descubra la belleza sencilla

Una vez que haya simplificado su vida, removiendo lo innecesario de la misma, habrá espacio suficiente para arreglar cuidadosamente lo que queda, de manera que pueda dirigirse hacia Dios. Para mí, este fue el próximo paso en mi jornada hacia una intimidad más profunda con Él.

Aunque pase la mayor parte del tiempo en su casa, su auto, su oficina o una combinación de los tres, usted puede controlar su entorno, hasta cierto punto. Quizá trabaje en un cubículo sin ventanas, pero allí puede poner fotos de su familia, una sencilla pieza de arte o flores frescas para hacerlo menos aburrido. Pueda que viva en una sencilla casa suburbana, un apartamento en la ciudad, o una hacienda; sin embargo, habrá maneras para hacer de su hogar un lugar de paz y orden.

Yo no soy una buena ama de casa; por eso, cuando algunos padres de niños pequeños vienen a visitarnos, al entrar, miran alrededor y sonríen, pues ya saben del alboroto de juguetes en la sala o las altas probabilidades de encontrar cualquier día una tienda o un barco construido de cobijas y sillas en el comedor.

Los que no tienen niños, por otra parte, entran, miran y preguntan: «¿Qué pasó aquí?» Casi siempre hay cierta cantidad de caos en mi casa, en parte porque vivo con dos preescolares y paso mucho tiempo jugando con ellos o, diré la verdad, sentada en mi procesador de palabras, por más tiempo del que le dedico a la limpieza.

Pero así como valoro el juego, anhelo el orden. Así que, trato de crear pequeñas islas de orden entre todo el desastre y trabajo cada día simplificando, tratando de descartar todo lo innecesario. También he aprendido a ignorar parte del caos, a cerrar la puerta que lleva al cuarto de juegos y retirarme al sofá, escaleras arriba, o a la terraza trasera, donde puedo sentarme por un momento y estar quieta, leer, escribir, observar los árboles o simplemente orar por un momento.

Reconozca el valor de la belleza

Debo confesar que de todos los capítulos de este libro, el que habla acerca de la belleza y el orden es el más difícil de escribir para mí. Busco sabiduría de Dios y leo bastante acerca de esta materia. Sé que es importante, pero ponerlo en práctica es particularmente un reto para mí.

Primero que nada, mis gustos son bastante sencillos, y tiendo a ajustarme un poco en los gastos. Por causa de que mi trabajo como madre y escritora me permite desempeñarme en casa, necesito vestirme para la comodidad y los desastres inevitables. Satisfago la mayor parte de las necesidades de mi guardarropa en Target, donde también puedo conseguir el detergente para la ropa, pañales y zapatos para los niños, todo en el mismo viaje.

Resulta difícil para mí el justificar gastar dinero en jabón francés, simplemente porque huele bien, cuando la tienda de descuento tiene jabón Ivory a precio especial de $ 3.00 el paquete económico de doce barras. No poseo una vajilla china valiosa, pues de mi madre heredé el escoger para el diario un juego de platos de cerámica bien práctico. Cuando tenemos visita, saco mi vajilla de cerámica blanca, pongo un mantel en lugar de los mantelitos individuales, enciendo unas velas y listo.

Trato de no molestarme autoconsintiéndome con cosas no esenciales; pero estoy aprendiendo que si no cuido de mí, de alguna manera mi alma morirá de hambre. Así que, lentamente estoy cambiando mi perspectiva, tratando de encontrar algunos rituales y prácticas que alimenten mi alma y mi relación con Dios.

Segundo: Anteriormente dije que no soy buena ama de casa. ¿Qué puedo hacer? Como dije al comienzo de este libro, escribo no como experta sino como una compañera de viaje.

Cuando estamos rodeados de pilas de papel, platos sucios y migajas, estamos, cuando bien, distraídos, y cuando mal, derrotados. Cuán a menudo empiezo a orar mientras trabajo en casa: «Dios... estaba pensando»... y repentinamente escucho, «¡Mami!», desde la otra habitación, o suena el teléfono, o veo los juguetes tirados en el piso y pienso, ¡ah!, mejor los recojo. Mi conversación con Dios que comenzó con las mejores intenciones, quedó en el olvido.

He anhelado, por largo tiempo, tener una hermosa y bien ordenada casa. Quisiera que mi hogar fuese un pedacito de cielo. He leído suficientes libros acerca de este tema como para saber que no soy la única que lo desea, y ciertamente tampoco la única que encuentra en ello un reto. Pero, ¿cómo es que una casa ordenada y hermosa me ayuda a vivir en la presencia de Dios?

Dios en los detalles

El legendario arquitecto Mies Van Der Rohe decía: «Dios está en los detalles.» Quizá sí, pero yo soy lo que yo misma llamo pensadora «panorámica». Veo el gran esquema de cosas pero a menudo me fijo en los detalles (como quitar el polvo), un estorbo.

Aunque en algunas partes de mi vida, especialmente en el mantenimiento de la casa, me gusta pasarles por encima, existe un beneficio en poner atención a los detalles. Es una disciplina que me obliga a vivir más deliberadamente. Hacer de mi hogar un lugar de belleza requiere que vaya un paso más allá que solo descombrar el desorden sobre las mesas y las plateras, hasta las gavetas y los armarios. Significa planificar para crear un ambiente de paz y comodidad.

La disciplina de fijarme en los detalles en mi hogar es un ejercicio de entrenamiento para prestar atención a los detalles de lo espiritual en mi vida. En su libro *Viviendo la vida hermosa*, la diseñadora de interiores, Alexandra Stoddard, habla acerca de los pequeños rituales, desde las comidas y bañarse, hasta decorar, que pueden tocar nuestros sentidos y hacer bellos la vida y nuestros hogares.

«Usted puede transformar sus quehaceres diarios en rituales significativos poniendo atención cuidadosa a los pequeños detalles de esos quehaceres», escribe ella. «Sus sentidos le pueden ayudar, convertirse en pararrayos, una guía para su vida diaria.»

Stoddard no escribe necesariamente desde una perspectiva cristiana. Ella simplemente desea hacer su vida un tanto más placentera y disfrutar de la belleza. Pero Dios fue quien pensó acerca de la belleza y la creó, en primer lugar. Hacer nuestros ambientes hermosos, no ostentosos, puede, no solo mejorar nuestra apreciación por la creación de Dios, sino también elevar nuestra autoestima. Si recordamos esto, podemos usar rituales que aumenten la belleza en nuestra vida y nos recuerden acerca de Dios.

Tranquilícese y beba su café

Los rituales acerca de los cuales escriben Stoddard y otros autores nos obligan a tranquilizarnos un poco. Si los tomamos correctamente, como un medio para ayudarnos a crecer espiritualmente y no como un fin en sí mismos, nos pueden ayudar a tomar control del caos que es inevitable en nuestras vidas.

Por ejemplo, imagine la escena del desayuno en su hogar. ¿Ve a los niños corriendo por todas partes, bolsas de almuerzo y pan para la tostadora volar por el aire, mientras usted permanece en el centro con su bata de dormir, tratando de dirigir el tráfico mientras bebe un poco de café en una vieja taza con la insignia de la compañía para la cual trabajaba?

Contraste esto con Stoddard, quien escribe en su libro que ella prepara el desayuno (asumo que no llamará cocinar a «tostar») y algunas veces pone la mesa con cerámica francesa Mustiere pintada a mano.

Se puede llegar a un extremo, en cuanto a la belleza y orden se refiere, pero si usted, digamos, pone un mantelito individual debajo de su plato, prepara unos huevos revueltos y luego se sienta a la mesa, en lugar de comer de pie, ¿afectaría esto su vida y conexión con Dios? ¿Se sentiría un tanto menos caótica? ¿No le tranquilizaría esto lo suficiente como para dar gracias a Dios por el desayuno, y por el hecho de que esta comida es un poco más satisfactoria que la de ayer, cuando tuvo que comerse un strudel envuelto en una servilleta y beberse un café medio tibio en una taza de café para viaje, mientras conducía el auto colectivo?

«Todo a nuestro derredor decide por nosotros, y si aceptamos vivir con un diseño vulgar, debemos pagar por ello. Cuidar la estética aumenta nuestra sensibilidad. Entre más nos ocupamos de los pequeños detalles, más nos ponemos a tono con la belleza, y más nos damos cuenta cómo nos afectan los detalles insignificantes», dice Stoddard.

Ella escribe desde su perspectiva como diseñadora, pero sabe que los pequeños detalles marcan una gran diferencia.

¿Tiene que ser frágil la belleza?

No estoy hablando de inflar su presupuesto o de gastar grandes cantidades de tiempo decorando como Martha Stewart, ni tampoco estoy desposándome con un enfoque hedonista en placeres externos. Belleza no necesariamente significa adornos, gastar el tiempo o tener un costo de vida alto.

Cuando visitamos algunos amigos que no tienen niños, Melanie a menudo se fija en la sala con repisas llenas de objetos a un nivel bajo, colocados sin intención alguna de estar inaccesibles. «Por cierto que ellos tienen muchas cosas frágiles aquí, ¿no?»

La belleza no necesariamente tiene que ser frágil. A menudo es bastante sencilla.

Tengo algunos cuadros en las paredes de mi casa. La mayoría son fotografías de mis niños. Quizá algún día sea una de esas abuelas que aún tiene fotografías de sus niños en las paredes.

También tengo un cuadro al óleo y pastel que recibí como pago de un artículo que escribí hace algunos años atrás. Nunca habría gastado el dinero que la pintura cuesta; sin embargo, el trueque me pareció una oportunidad que podría costear. Es una hermosa pieza de arte, colgada encima del sofá, con una luz brillando sobre ella para mostrar el detalle y color en su mejor forma.

Encima de mi lavatrastos tengo otro trabajo de arte, hecho en crayones multicolores. Muestra un sencillo bouquet, con las palabras «Día de la Madre» debajo; sobre un pedazo de papel de lino, pegado debajo del dibujo, están impresas las palabras «amo a mi mamá porque». Mi querida amiga Sue, una maestra de preescolar me trajo ese «proyecto», una tarde que cuidó a mis niños. Después de que ambos colorearon el dibujo, Sue hizo un dictado a mi hija para que completara la oración «Amo a mi mamá porque... ella es mi amiga especial.» A pesar de que el valor y la belleza de mi tarjeta del Día de la Madre es algo que algunos no puedan apreciar, yo pienso que es hermosa. Tanto el cuadro como el dibujo, ambos añaden belleza a mi hogar, de diferentes maneras.

La belleza no solo viene en cosas que podemos ver ni tampoco está confinada solamente a la casa.

Mi jardín está tan desordenado como mi casa. Hay gladiolos y pepinos creciendo uno al lado del otro, con unas cuantas malas hierbas. Tiendo a sembrar las plantas en forma desordenada, sin ningún tipo de plan, cuando las encuentro a precio especial en los centros de jardinería. Le llamo una especie de enfoque de arte moderno al diseño del jardín. Se parece mucho a ese tipo de cuadros en los cuales el artista simplemente tira pinturas sobre el lienzo. Una profusión de colores, viñas, vegetales y mala hierba. A pesar del hecho de que mi jardín nunca vaya a ser presentado en alguna revista, añade belleza y gozo a mi hogar, no solo con las flores que cortamos sino también con los vegetales y las hierbas que cosechamos. Cuando observo la repisa atestada con potes llenos de mermelada hecha en casa, conservas, pepinillos y otras gratificaciones del jardín, no puedo dejar de maravillarme acerca de la generosidad de Dios. El jardín provee un cuadro de fe y de la provisión de Dios. De pequeñas semillas llegan cestas de comida. De un tiempo invertido en el jardín y con su cosecha, tengo una alacena llena.

Los sonidos también pueden añadirle belleza a su hogar. En nuestra casa, el televisor está apagado durante el día, excepto por uno o dos videos para los niños. No sintonizo ni programas ni novelas, ni siquiera televisión pública mientras trabajo en la casa, y no tengo televisión ni en la cocina ni en la habitación. Tenemos un televisor sin cable ni satélite. Esto nos deja con la opción de unos seis o siete canales, un periódico o un buen libro. Algunos escogen eliminar la televisión del todo. Pero mi esposo, fanático de los deportes, y mis niños, de Barney, nunca podrían soportar esto; sin embargo, trato de limitar el uso de la televisión. Porque, si escogiera no mirar televisión, no solo me desharía del ruido sino que además ganaría algo: tiempo adicional para las cosas más importantes.

Si escojo escuchar una música suave o una cinta de adoración, por ejemplo, mi vida se siente menos caótica, aun cuando las circunstancias permanezcan iguales. Cuando mis dos niños están llorando y me siento fuera de control, no hay nada como la música de Bach, Mozart o Mamá Ganso: sonidos que distraigan a los niños, primero, y luego, los tranquilicen.

Realmente existen tales cosas como placeres sencillos. Una vez que comencé el proceso de eliminar los no esenciales, me di cuenta que necesitaba llenar los espacios con belleza, cosas que me trajeran gozo: una caminata afuera, flores sobre la mesa, una fotografía de nuestra familia o un cuadro dibujado por un amigo o un niño.

Pero deshacerse de algunas cosas y añadir otras, no es suficiente para guiarme a la presencia de Dios. Por eso, me doy cuenta que necesito, no solo mantener la casa limpia sino también el alma. Y eso solo es posible en un lugar solitario.

Para reflexionar

1. Proverbios advierte: «Más vale comer verduras sazonadas con amor que un festín de carne sazonada con odio» (15:17); «Más vale comer pan duro donde hay concordia que hacer banquete donde hay discordia» (17:1). ¿Qué pasos puede dar para traer amor y paz a su hogar, sin importar la apariencia física de este?

¿Qué cambios haría acerca de los aspectos emocionales y de relaciones dentro de la vida de su hogar?

2. Limpie la mesa en su cocina, o su escritorio en el trabajo, y coloque sobre ellos algo sencillo que le recuerde a Dios (un caracol

marino, la rama de un árbol florecido, una hoja de otoño, algunas rocas de colores en un vaso de agua). Cuando vea esta belleza sencilla, dirija lentamente sus pensamientos hacia Dios. Déle gracias por su relación con Él.

3. Cuando lave los platos, piense acerca de cómo Cristo lavó su pecado. Él ha removido suavemente los restos horneados de su pecado para hacerlo todo nuevo. Agradézcale al lavar cada plato, porque le ha provisto comida y perdonado todos los desórdenes en su vida. Si le ayuda a enfocarse, pegue una tarjeta con su versículo favorito o cita en una pared sobre el lavatrastos.

9

.....

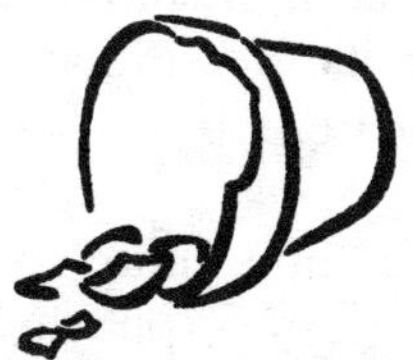

Conéctese a través de la soledad

Mucho se ha escrito acerca de la necesidad que tenemos de ocuparnos de nuestra alma. Pero no fuimos creados para cuidar de ella exclusivamente, sino para depender de Dios y nutrir nuestra alma con su Palabra, a través del Espíritu y la creación, tanto reflexionando sobre la belleza de la naturaleza como viviendo en comunidad con otras personas.

Cuando estoy tranquila y callada lo suficiente como para recibir su cuidado, lo sostengo suavemente, y luego lo entrego a mis niños, mis compañeros de trabajo, mis amigos y hasta a los extraños. En este dar y recibir amor en comunidad, vivimos en la presencia de Dios. En mi jornada descubrí que hacer tiempo para la soledad era extremadamente difícil pero esencial si es que iba a escuchar la voz de Dios.

Para cooperar con Dios en el cuidado de mi alma y ser capaz de escuchar su susurro, debo algunas veces retirarme del caos a propósito.

La soledad y la muy cercana disciplina del silencio son refugios que puedo construir para escudarme de la tormenta que es mi vida. Pero construir estas disciplinas dentro de mi rutina conlleva sacrificio y probablemente algo de incomodidad. Los beneficios, como todos aquellos provistos por cualquier refugio, son enormes.

Como madre de un pequeño de dos años y un preescolar, la idea de la soledad suena maravillosa. Un día de silencio, sin absolutamente nadie gritando «¡Maaammmii!» es mi idea de felicidad. Anhelo pasar tiempo a solas, pero, ¿de veras estoy dispuesta a que suceda?

Escaparme de aquello que siento como obligaciones inevitables para pasar aunque sea un par de horas en soledad, conlleva coraje y una enorme cantidad de energía: encontrar una niñera o amiga para cuidar a los niños; ignorar las pilas de ropa por lavar en el piso y las telarañas en el techo, y, simplemente escapar. El esfuerzo requerido a menudo me detiene de tratar siquiera más de unos cuantos minutos durante la siesta para la soledad y el silencio.

A lo mejor usted piense que la soledad le haría sentirse como una princesa atrapada en una torre, con nada más qué pensar, excepto en todas las cosas que no puede hacer mientras permanezca allí sentada. Pero, realmente la soledad es algo a lo que nos escapamos, no de lo que escapamos. Para mí, requiere matar al dragón de mi imaginada autoimportancia y escapar del calabozo que yo misma he creado con mis obligaciones.

Si no puedo escaparme por toda una mañana o un día, trato de encontrar aunque sea unos cuantos momentos de soledad durante el día. Es tan difícil hacer esto a propósito. A menudo, en lugar de sentarme en quieta soledad mientras los niños hacen una siesta o juegan solos, paso veinte minutos «acomodando todo». Pero al parecer las cosas no se ven tan diferentes cuando he terminado. Me siento derrotada.

Es asombroso cuánto Dios puede revelar cuando me dispongo a conseguir oportunidades para estar a solas. Una caminata por la mañana antes de que los niños despierten; media hora con mi Biblia; mi periódico y una taza de café en el patio, mientras los niños miran su video matutino; unos cuantos momentos por la tarde, mientras mi hijo hace su siesta y mi hija juega sola. Por supuesto, este último tiende a ser interrumpido por «¿juegas Barbies conmigo? o algún pedido parecido.

A menudo digo que no tengo tiempo para estar a solas: realmente me gusta estar a solas, pero estoy muy ocupada. Después de todo, soy madre de dos preescolares. Pero la verdad es que evito la soledad porque temo estar sola. La paradoja, si puedo cobrar fuerzas para explorarla, es que la soledad es en efecto el antídoto para el veneno de sentirse solo.

> Sentirse solo o hacer mucho ruido no son nuestras únicas alternativas. Podemos cultivar una soledad y silencio interior que nos libere de la soledad y el temor. El sentirse solo es vacío interior; soledad es realización interior... Soledad es más un estado de la mente y del corazón que un lugar. Hay soledad de corazón que puede mantenerse en todo momento. Las multitudes o la falta de ellas tienen poco que ver con esta disposición interior. (Richard Foster, *Celebración de la disciplina*.)

La soledad como medicina preventiva

La soledad es muy parecida al ejercicio. Todos quieren los beneficios de comprometerse en ello, pero no todo el mundo está dispuesto realmente a apartar tiempo para hacerlo. Sabemos que será bueno para nosotros. Pero el «solo hacerlo» es una lucha, aun cuando encontremos tiempo. Como el ejercicio, hay un millón de excusas para evitar la soledad. «Estoy muy ocupada»; «no puedo hallar a alguien para cuidar a mis niños»; «soy extrovertida y no me gusta estar a solas»; «realmente preferiría servir a Dios dando tiempo como voluntaria para las personas». Este último gana muchos puntos de autojustificación.

Antes de tener niños, trabajaba a tiempo completo como reportera en un diario. La tensión y las fechas tope eran la norma. También donaba tiempo como voluntaria en mi iglesia y tenía una vida social activa. En ocasiones, cuando la presión y el permanecer ocupada eran demasiado, llamaba para decir que estaba enferma, fingiendo algunos vagos síntomas, racionalizando la mentira, diciéndome que este era un «día de salud mental». Pasaba el día vagando, haciendo diligencias, pero usualmente solo relajándome, durmiendo un poco, leyendo, orando o escribiendo algunas cartas.

Algunos de nosotros nos acercamos a la soledad de la misma manera. Esta se convierte en algo que solo buscamos cuando estamos al borde de perder nuestra estabilidad mental, una especie de plan de desastre emocional usado en tiempos de emergencia.

Puedo evitar muchas de estas desavenencias planeando estar a solas como medicina preventiva espiritual. Es difícil. Es una disciplina. Pero algunas veces es algo así como un regalo que me doy.

Mientras trataba de escuchar el susurro de Dios, decidí que necesitaba edificar este tiempo a solas en mi vida. Como resultado de cuidadosas negociaciones, mi esposo tiene a mis niños una vez a la semana. Él juega con ellos en casa o los lleva a su oficina, y los pone a trabajar pegando etiquetas adhesivas con direcciones en sus volantes para publicidad. Yo tomo tiempo para salir de casa y pasar tiempo a solas. Algunas veces escribo; otras, leo mi Biblia. A veces salgo a caminar.

Pero trato de pasar parte de este tiempo cada semana sentada en silencio. Leo un corto pasaje de la Escritura para enfocar mi mente. Susurro una corta oración como: «Ven, Señor Jesús», y luego, espero. Algunas veces no llega ningún pensamiento ni idea. Otras veces las preocupaciones se agolpan en mi mente. Suavemente se las entrego a Dios e invito su presencia de nuevo. A veces obtengo claras respuestas a mis oraciones. Otras solo siento la presencia de Dios como una especie de paz y descanso.

Cuando se encuentre inesperadamente a solas, no corra a la televisión, ni a llamar a una amiga. Aun cuando se encuentre rodeada de personas, cultive un espíritu callado, una «atención interna» a su propia alma y a la guía del Espíritu de Dios.

Estoy aprendiendo que si deseo tener la fortaleza de Dios en tiempos de caos, la encontraré en momentos tranquilos, llenos de paz con él. Estoy mejor equipada para las tormentas de la vida si construyo un refugio de tiempo a solas.

Cuando voy a ese refugio, Dios puede llenar mi tanque emocional, volver a llenar mi espíritu. Necesito tiempo como este. No tiempo para leer *Buenhogar* en la tina después de que los niños se han ido a la cama (aun cuando esta puede ser una buena terapia), tiempo cuando pueda orar, meditar en las Escrituras o simplemente sentarme y escuchar.

Estar a solas me ayuda a enfocarme en Dios durante tiempos en los cuales estoy rodeada y sobrecargada con las preocupaciones y compromisos de mi vida.

Siga a Jesús al lugar solitario

Si la idea de apartarse un tiempo de sus obligaciones, por una hora, una mañana, o hasta un día completo parece egoísta, mire el ejemplo de Jesús. Repetidamente los evangelios registran, en medio de ocupados días de enseñanza y sanidades, a Jesús «retirándose a un lugar solitario para orar allí». No pienso que él estuviera portándose egoísta. Él sabía lo que era realmente importante.

La vida de Jesús se desarrolló entre tiempos a solas y tiempos de servicio. En Mateo 14, leo que Juan el Bautista fue decapitado. Comenzando con el versículo 12, dice: «Luego llegaron los discípulos de Juan, recogieron el cuerpo y le dieron sepultura. Después fueron y avisaron a Jesús. Cuando Jesús recibió la noticia, se retiró él solo en una barca a un lugar solitario. Las multitudes se enteraron y lo siguieron a pie desde los poblados.»

Imagínese a usted misma en lugar de Jesús. Su primo, el profeta que le proclamaba, el hombre acerca del cual Jesús había dicho: «Les aseguro que entre los mortales no se ha levantado nadie más grande que Juan el Bautista» (Mateo 11:11), ha sido asesinado sin sentido alguno. Jesús desea un tiempo a solas para lamentarse, orar, llorar la pérdida de su amigo y colaborador en el reino. Pero en lugar de obtener soledad, consigue multitudes necesitadas buscando un milagro o un toque.

Cuando anhelo un tiempo a solas, y la multitud de mis dos pequeños me persigue a mi lugar solitario, me frustro y muchas veces me enfurezco. Necesito tiempo a solas y no puedo obtenerlo. Pero Jesús respondió de manera diferente a mí. El próximo versículo dice: «Cuando Jesús desembarcó y vio tanta gente, tuvo compasión de ellos y sanó a los que estaban enfermos.» Los próximos seis versículos describen la alimentación de los cinco mil. Jesús va más allá de la compasión para extenderse a sí mismo, sirviendo a estas personas que parecían insaciables en su hambre por él.

Como la madre de dos niños me siento tentada a renunciar a los tiempos a solas o a la meditación. *No puedo cumplir esas disciplinas,* pienso. Me pasa igual que a Jesús, siempre estoy siendo interrumpida con las necesidades de otras personas. Él tuvo que convertir panes y peces en un festín para las multitudes; yo tengo que convertir sobras de la última comida en una cena comestible. Algunas veces siento como si necesitara un milagro para hacer que esto suceda.

Entonces, ¿tengo que renunciar a mi tiempo a solas porque estoy en una temporada de servicio en mi vida? Es porque literalmente ni podemos ir al baño solas, que necesitamos a propósito apartar tiempo para retirarnos, cuando logramos que alguien nos cuide a los niños, podamos trazar una línea en la arena y decir, hoy, por una hora o dos o hasta tres, estaré a solas con Dios.

A solas.

¿Parece esto algo imposible?

Entre más imposible parezca, más lo necesita.

Si continúa leyendo en Mateo, verá a Jesús temporalmente guardando su necesidad de estar a solas, pero no desechándola en su totalidad.

Después de alimentar a la multitud, envió a sus discípulos adelante en una barca. Luego, estableció los límites. La Biblia dice que despidió a la multitud (14:22). Él no dijo: «Váyanse si gustan; quédense si desean.» O, «¿por qué no se quedan toda la noche y les prepararé tostadas milagrosas para el desayuno?» Él sabía que los discípulos debían descansar, y él también.

Él no dio excusas. «Inmediatamente Jesús dijo a sus discípulos que subieran a la barca y les hizo marcharse adelante.» Les hizo subir; no lo sugirió ni tampoco lo pidio. Les hizo subir, inmediatamente, sin discusión. Los discípulos, quienes habían anhelado escapar de la multitud desde antes de la cena, alegremente se subieron a la barca y se fueron a navegar.

Luego, despidió a la multitud. Aparentemente su despedida no dejó lugar a discusión, puesto que la Biblia dice en la misma oración que «después de despedir a la gente, subió a la montaña para orar a solas. Al anochecer, estaba allí, él solo» (v.23). Encontró el tiempo a solas que necesitaba. Dio a sus discípulos instrucciones, y les dejó seguir su camino por un rato.

Luego, tomó el tiempo que él sabía que necesitaba, ahora más que nunca. Un tiempo para bregar con su tristeza por la muerte de Juan y reflexionar en lo que Dios había hecho a través de él. Su tiempo a solas y en oración no era un lujo; era una necesidad. Estaba tan hambriento por este, del mismo modo que la multitud lo había estado por la comida y por su toque sanador.

Así que se va a las colinas, a un lugar alejado, un retiro solitario sobre la accidentada pendiente de una loma. Allí se entrevista con Dios y encuentra descanso. Después de vaciarse, permite que Dios vierta vida y fortaleza sobre él otra vez. Y de esta manera se rejuvenece y fortalece tanto, que tres versículos más adelante se encuentra ¡caminando sobre las aguas!

Cuando me siento tentada a rendirme en mi búsqueda de un tiempo a solas, veo el ejemplo de Jesús. Cuando pienso que nunca tendré silencio, leo estos versículos y me pregunto: ¿cuáles límites necesitaré entre el servicio y mi tiempo a solas?

Hay tiempo para ambos. Al retirarme soy fortalecida para el servicio. Existe un flujo y reflujo. Si usted no está segura de dónde está el balance, manténgase añadiendo más tiempo a solas hasta que se sienta bien. El tiempo a solas estimula el servicio. Jesús frecuentemente se retiraba a solas y eso le fortalecía para regresar a servir a las personas.

Él usaba el tiempo a solas no solo para recuperarse de sus drenantes experiencias del ministerio, sino también para prepararse en momentos determinantes de su vida. Antes de escoger a sus discípulos y antes de su muerte, a Jesús se le describe retirándose a un lugar solitario para orar. Sabía que el tiempo a solas le fortalecía, porque era allí donde podía escuchar la voz de Dios más claramente.

Si deseo ser más como Jesús y crecer, haré bien en imitar el ritmo de tiempo a solas y servicio en la vida de Jesús. Entre más caótica esté mi vida, más necesito un «lugar solitario», un lugar a solas que pueda visitar temporalmente para ganar perspectiva. Henri J.M. Nouwen examina esta verdad en su irresistible librito de meditaciones *Al salir de la soledad.*

> Vivir la vida cristiana significa vivir en el mundo sin ser de él. Es estando a solas que esta libertad interior puede crecer. Jesús se fue a un lugar solitario para orar, esto es, para crecer en

> la conciencia de que todo el poder que se le había otorgado, que todas las palabras que hablaba le habían sido dadas por su Padre, y que todas las obras que hacía no eran realmente sus obras sino las de Aquel que le había enviado. En el lugar solitario Jesús fue hecho libre de fallar... Una vida sin un lugar solitario, esto es, una vida sin un centro tranquilo, fácilmente se volverá destructiva.

En el estar a solas hay libertad. Cuando me muevo a estar a solas, tomo el control que los demás tienen sobre mí y se lo entrego a Dios. Como Nouwen dice: «Nos escapamos de la destrucción: destrucción de nuestras almas, destrucción de la paz, lo cual es, esencialmente, caos».

Al involucrarnos en esta clase de soledad, visitando un lugar solitario donde nos conectamos con Dios y con nosotros mismos, decimos no, al menos temporalmente, a las demandas de los demás y decimos sí, a Dios. Al hacer esto, ganamos fortaleza para manejar esas presiones cuando regresamos; para establecer los límites, para decir no a las cosas que nos alejan de nuestro propósito y de la conexión de nuestra alma con Dios. Si estamos inseguros acerca de cuál es el propósito, un tiempo a solas nos ayudará a determinarlo.

Estar a solas es difícil porque debemos sacrificar nuestro orden en la lista de cosas por hacer para lograr apartar tiempo para esto. Debemos voluntariamente escoger que ciertas cosas no se harán, al menos no inmediatamente. La alegre paradoja de hacer tiempo para estar a solas, es que nos desacelera lo suficiente como para reconocer cuáles cosas en nuestra lista son en efecto importantes, y terminamos con más tiempo para hacer esas cositas que al principio nos parecían realmente importantes.

Para reflexionar

1. ¿Cúales, piensa usted, son los beneficios de estar a solas? ¿Cúales son las tres mayores barreras en su vida que le retienen de pasar tiempo a solas? ¿Qué pasos dará para superarlas?

2. Pase varias horas en silencio. Consiga alguna amiga que le cuide a sus niños o use parte de un día en el cual su esposo tenga un día

libre. Saque a sus niños de casa o salga usted de ella, sin radio ni televisión, sin conversar (si es posible). Si desea, puede orar, pero pase parte del tiempo de oración solo escuchando, prestando atención a lo que Dios esté tratando de imprimir en usted. Tome parte del tiempo para leer, sentarse y pensar, o simplemente sentarse.

3. Pase diez minutos en la mañana en silencio y a solas. Ponga su alarma para despertarse temprano, antes de que su familia lo haga o antes de lo que necesite para prepararse para ir a trabajar. Enfoque en Dios y en sus bendiciones. Agradezca específicamente por cinco cosas en su vida, tales como la salud, relaciones, el techo sobre su cabeza y lo que venga a su mente. Mientras lentamente se mueve en su día, trate de cultivar la «atención interior» de la cual habla Foster. Al final del día, pase diez minutos nuevamente a solas. Escriba cualquier observación acerca de su experiencia en un diario. ¿Qué se siente comenzar y terminar su día estando a solas? ¿Qué sucedería si hiciera esto de manera coherente?

10

Escuche el llamado de Dios

Como madre, me hallo en conflicto. Es el más extraño trabajo del mundo, ¡de veras! En un momento me veo preguntándome: ¿cómo es posible que tenga que hacer todo eso?, y al rato vuelvo a pensar : ¿eso era todo?

He tratado de simplificar mi vida y vivir en la presencia de Dios momento a momento. He tratado de desarrollar un corazón que escucha y de prestar atención a lo que Dios me está enseñando a través de las pruebas, tanto las grandes como las de todos los días.

Aun así, mientras el día transcurre, me siento ocupada y abrumada la mayor parte del tiempo, y un poco aburrida y agitada el resto del tiempo. Parte del problema son las decisiones que hago: escojo hacer mucho, para complacer a otros, ignorando mis propias necesidades. Pero a menudo también fallo en ver el trabajo que hago como el llamado de Dios a mi vida. Algunas veces siento que solo hago algo de tiempo, tratando de sobrevivir un día más.

La mayoría de las personas que conozco, casadas o solteras, en casa o divididas entre el hogar y la oficina, sienten que tienen mucho que hacer. Se sienten culpables porque no tienen suficiente «tiempo para Dios.» A menos que trabajen para la iglesia o algún otro «ministerio» a tiempo completo, literalmente no pueden ver sus responsabilidades como un «llamado».

Por mucho tiempo, gran parte de mi oración pasaba lanzándole preguntas a Dios, tratando de convencerlo de revelarme el «gran propósito» para mi vida, de mostrarme mi «llamado» para poder dedicarme a esa parte importante de mi vida. Las antiguas preguntas de ¿quién soy?, ¿por qué estoy aquí? y ¿qué debo hacer con mi vida? me perseguían. Pero tan pronto empecé a escuchar a Dios, me di cuenta de que mi propósito a lo mejor no era tan grande como lo había imaginado. Posiblemente, era uno muy común.

Aunque común, cuando se le abraza, se convierte en extraordinario. Es posible que esté justo en el lugar donde se supone deba estar ahora. Su llamado puede que sea convertirse en misionera para África, pero también podría no ser así. Puede que Dios le esté llamando para que haga brillar la luz de la verdad en un mercado oscuro durante algún tiempo; quizá criar niños por otra temporada, luego cambiarse a otra carrera. Quizá algunas de estas cosas se entrecrucen en determinado momento. O tal vez sea un misionero para la fábrica, la oficina o la tienda donde trabaja.

Nuestro llamado es determinar cuidadosamente lo que Dios desea que hagamos y luego hacerlo con toda nuestra energía. Comenzamos a determinar esto cuando miramos dónde nos encontramos ahora. ¿Acaso llegamos allí cometiendo errores o siguiendo a Dios? Si es lo último, probablemente hemos encontrado lo que Dios desea para nosotros, al menos por ahora. Su llamado puede incluir sus roles en la vida como esposa, madre, empleada o amiga.

Frederick Buechner escribe en su colección de ensayos *La hambrienta oscuridad:* «Se puede hablar de un hombre escogiendo su vocación, pero quizá sea menos exacto hablar de una vocación escogiendo a un hombre, de un llamado siendo dado y un hombre escuchándolo o no. Y quizá ese sea el lugar en el cual comenzar: El negocio de oír y escuchar.»

Oír y escuchar comienzan cuando estamos quietos delante Dios. En lugar de lanzarle preguntas, encuentro más respuestas simplemente pasando tiempo con él, escuchando.

Cuando veo mi vida diaria como aquello a lo cual Dios me ha llamado a hacer, es mas fácil hacer que todo mi tiempo sea el tiempo de Dios; todas mis palabras sean sus palabras, aun cuando éstas no sean acerca de él o de mi vida espiritual. Cuando vivo intencionalmente, con propósito, tanto el estar ocupada como el aburrimiento dan lugar a la paz porque estoy cumpliendo el llamado de Dios para mi vida.

«Y todo lo que hagan, de palabra o de obra, háganlo en el nombre del Señor Jesús, dando gracias a Dios el Padre por medio de él», escribe Pablo en Colosenses 3:17. Cuando primero estudié este versículo, pensé: hay suficiente presión social para «hacerlo todo». Ahora me encuentro en una especie de presión religiosa que dice: tengo que hacerlo todo «en el nombre del Señor».

He aquí la clave para escuchar el susurro de Dios en el caos de mi vida: Hacer todo lo que hay que hacer en su nombre. Aun cuando muchas veces lo deseo, no puedo retirarme de las obligaciones de la vida por completo; así que, debo cambiar mi mentalidad acerca de estas. Cambiando mi perspectiva, puedo tomar las que eran distracciones para mi conexión con Dios y convertirlas en nuevas maneras de interactuar con Dios.

«Debemos tratar de conversar con Dios de manera sencilla, mientras hacemos nuestro trabajo; no en oraciones aprendidas de memoria, no tratando de recitar pensamientos formados previamente», escribe el Hermano Lawrence en *La práctica de la presencia de Dios.* «En cambio, deberíamos pura y simplemente revelar nuestros corazones a medida que las palabras llegan a nosotros.»

En otras palabras, el Hermano Lawrence cultivaba una conversación continua con Dios. Quizá yo pueda hacer esto algunas veces, pero mi trabajo a menudo parece distraerme. Mis niños, mis escritos (aun cuando estos sean acerca de cosas espirituales), incluso mi trabajo voluntario para el ministerio, desvía mi atención de mi conversación con Dios, de mi conexión espiritual. Para lograr mantener mi conexión con Dios, necesito cambiar la manera de ver todo el trabajo que realizo, desde hacer una caserola de comida hasta escribir un artículo. Mi vocación puede y debe ser parte vital de mi vida, y no algo que dure hasta que llegue el viernes y luego «realmente vivir».

No limito el término *vocación* al trabajo pagado. En lugar de eso me refiero al trabajo de la vida propia, sin importar si es voluntario o una profesión bien remunerada, sea en la iglesia, el hogar o en el mercado. Si estamos en casa con los niños, ese es un componente, y bastante grande de nuestra vida y trabajo. Y por ahora, esto puede ser suficiente. Criar niños es una vocación honorable y heroica.

Pero algunas veces, si escuchamos cuidadosamente, Dios puede estarnos llamando para algo más que eso. Puede ser que Él desee que estemos en casa cuidando de nuestra familia, pero esto no nos exonera de cuidar a nuestros vecinos. Podemos pastorear a nuestros niños espiritualmente, pero pueda que Dios desee que pastoreemos a otras personas, quizá de nuestro vecindario o de nuestra iglesia también.

Encontrar nuestro lugar en la iglesia y el mundo, así como dentro de la familia, es parte de lo que debemos considerar cuando tratemos de determinar nuestro llamado.

Además de ser madre, mi trabajo también incluye otra área: la habilidad de escribir, sin la cual las otras partes de mi vida vocacional no tendrían sentido alguno. Escribir, para mí, es tanto una habilidad como un arte, una manera de recibir un ingreso y a la vez un elemento esencial del vivir. En este tiempo en que mis niños están pequeños y necesitan mucho de mi atención, la pasión que tengo por escribir sobrepasa el tiempo que tengo para ello. Pero esto no quiere decir que debo rendirme y archivarlo en «algún día». He sido llamada a amar y a cuidar de mi familia, a servir en mi iglesia, a escribir, y por encima de todo esto, a vivir en la presencia de Dios. Necesito ordenar mi vida de manera que pueda ser obediente al llamado de Dios y no solo a parte de este.

Las etapas de la vida

Por cuanto tengo niños pequeños y he escogido estar en casa con ellos, ese es en gran parte mi «llamado», al menos durante esta etapa de mi vida. Escribir también es parte de mi llamado, según he podido entender. No lo hago solo para darme algo más que hacer, aparte de cambiar pañales. Siento que es algo que Dios me ha asignado, según ciertos dones y deseos fuertes que él puso en mí.

Cuando mis niños hayan crecido, no quisiera decir: «Ah, ahora que la distracción está fuera de mi camino, puedo seguir adelante hacia el propósito de mi vida.» Tampoco quisiera decir: «Ahora que mis hijos están fuera de casa, no tengo propósito alguno.»

Somos llamados al lugar en el cual estamos por una temporada. Pero debemos estar conscientes de que esa estación terminará, y de que la vida consiste de una serie de cambios. Necesitamos establecer un balance entre vivir el momento y prepararnos para la próxima estación de nuestras vidas. Pienso que es mucho mas fácil vivir el presente si tenemos en mente que esa actual situación no durará por mucho tiempo.

Yo digo que creo que el disciplinar niños pequeños es un ministerio de máxima importancia, y más que un trabajo a tiempo completo el manejar una casa y cuidar a niños pequeños.

Lo digo; se lo digo a otros. Asi que, ¿por qué me he sentido obligada a envolverme en diversos ministerios dentro de mi iglesia? Algunos me acercan a Dios; otros me distraen de él, y como la mayoría de las madres, lucho con la culpa de «cuánto» debo servir a Dios. Las madres de niños en edad escolar, quienes no trabajan fuera de casa, a menudo sienten una presión similar para ser voluntarias para cada cosa, desde la Asociación de Padres y Maestros hasta las Niñas Exploradoras. Es duro discutir con la voz en el teléfono que dice: «Como tú no trabajas, estoy segura que tendrás tiempo para hacer una docena de llamadas telefónicas para el club de futbol, hornear dos docenas de galletas para la venta especial.»

Pero por importante que sea «hacer» todo lo que hago para Dios, es aun más importante estar «con» Dios y permitirle a Él estar conmigo. Cuando vivo en el presente y permanezco pendiente del delicado balance que debe haber entre hacer y ser, mi conexión con Él es aun más fuerte.

En ocasiones escribo para mi iglesia. Una mañana me apresuraba alistándome para ir a la oficina de mi iglesia a una reunión para discutir acerca de un folleto que estaba escribiendo. Mis niños pasarían la mañana en la guardería de la iglesia.

La hora antes de salir estuve ocupada tratando de empacar, tanto la bolsa de pañales como mi maletín, asegurándome de que los vasitos de los niños y los discos de la computadora estuviesen cada uno en el lugar correcto, vistiendo niños medio dormidos, buscando zapatos y abrigos, y preguntándome repetidas veces: ¿Por qué es que me resulta tan difícil el simple hecho de salir por la puerta?

Mientras buscaba el otro zapato de mi hijo y consolaba a mi hija, quien había dormido de más y lloriqueaba por no estar lista para hacer alguna otra cosa que tomar su jugo de naranja y mirar *Plaza Sésamo*, pensé: ¿Por qué me molesto en tratar de hacer algo más que ocuparme de estas dos personitas? ¿Por qué voy a una reunión a las 9:00 a.m.? Sería mucho más fácil solo sentarme acá con mi bata de baño y tomar café y cantar con Elmo.

Algunas veces tratar de hacer otras cosas, además de ser madre, parece ser un tremendo lío. Tengo suficiente trabajo aquí, y no necesito hacer otras cosas para servir en la iglesia o a otras personas. ¿Por qué molestarme?

¿Por qué? Porque algunas veces se siente como mucho el cuidar a mis niños, y otras veces no es suficiente. Balancear sus intereses y los míos es duro, y pienso que soy una mejor madre cuando tengo otras cosas en mi vida. Pero hay mucho más que solo balancear.

Cuando oigo atentamente el susurro de Dios, le escucho llamándome a amar a mi familia y a servirles. Pero cuando estoy a solas e incómodamente callada con él, también le escucho decirme, que «avives la llama del don de Dios que recibiste», y uno de los dones que él me dio es la habilidad de usar la palabra escrita para señalar a las personas el camino hacia él. No estoy diciendo esto para jactarme. Mi vida sería mucho más sencilla si no me sientiera obligada a escribir. Pero si dejara ese don sin abrir, o sin desarrollar, sería desobediente, e irónicamente, me sentiría insatisfecha. Si ignorara los componentes de mi llamado, mi familia tendría más de mi tiempo, pero pasarían más tiempo con una persona de mal humor, que está frustrada porque no está usando los dones que Dios le dio y que le ha llamado a usar.

Ponga su alma en lo que hace

Amo el cantar, y por muchos años pensé que la «adoración» a Dios sería algo como el cantar o quizá como decir oraciones de adoración a él. Buen comienzo, pero un poco estrecha la definición. Luego, estudié Romanos 12:1: «Por lo tanto, hermanos, tomando en cuenta la misericordia de Dios, les ruego que cada uno de ustedes, en adoración espiritual, ofrezca su cuerpo como sacrificio vivo, santo y agradable a Dios.»

Siempre pensé que este versículo se refería a la pureza sexual o quizá solo a tratar de mantener el cuerpo saludable a través de la dieta y el ejercicio. Pero comencé a ver que sacrificios vivos son los actos que usted hace con su cuerpo. Los trabajos diarios que hace en la casa, cuidar a los niños y a otras personas e interactuar con sus compañeros de trabajo o vecinos. Cada acto de servicio puede ser un acto de adoración.

«Tenemos la tendencia a pensar del cuerpo y sus funciones como un estorbo a nuestro llamado espiritual, sin ningún papel positivo en nuestra redención o en nuestra participación dentro del gobierno de Dios. En tanto que tal visión del cuerpo se mantenga, el fácil yugo permanecerá como un sueño adorable y discipulará una diversión de medio tiempo», escribe Dallas Willard en *El espíritu de las disciplinas.* Las cosas que hacemos con nuestro cuerpo, nuestras acciones físicas, nuestro trabajo, son escenciales para nuestra vida espiritual.

En la película «*City Slickers*» Billy Crystal hace el papel de un hombre que lucha con la crisis de la mediana edad visitando un rancho en el cual participa en una corrida de ganado. Antes de su viaje, él se encuentra cuestionando el propósito de su vida. Se da cuenta de que su carrera como vendedor de publicidad radial tiene muy poco significado para él. «¿Cúal es mi trabajo?» —se queja con su esposa. «Vendo tiempo para comerciales radiales. Así que, básicamente, vendo aire.»

Si pasamos la mayor parte de las horas que estamos despiertos, comprometidos en tareas repetitivas, serviles, que reducen nuestra alma, pues no vemos el cambiar pañales o limpiar el piso como algo importante o significativo, construimos barreras que nos previenen de escuchar la voz de Dios. Cuidar a niños pequeños puede ser un desastre, trabajo físico que no parece importante. Pero la forma en que cuidamos de los demás es críticamente importante. Demostrar amor y cuidado a nuestros niños puede mostrarles cómo es Jesús. Viendo las tareas ordinarias de la casa como oportunidades de servir a nuestras familias, como lo haría Cristo, no solo puede enseñarle a nuestros niños acerca de Dios, sino que nuestras vidas serán transformadas en el proceso.

Encuentre un propósito

Encontrar un trabajo, en casa o fuera de ella, que tenga al menos algunos aspectos de los cuales disfrutamos y un propósito general que podamos ver, entender y apoyar, es necesario para nuestro bienestar espiritual. Esto no quiere decir, por demás, que tengamos que disfrutar cada parte de nuestro trabajo. Pero el estar alineados con un propósito puede transformar nuestra percepción de los trabajos que parecen menos satisfactorios.

Algunas veces no podemos cambiar nuestros trabajos, y necesitamos dejar que Dios cambie nuestras actitudes acerca de estos. Una de las tareas que más me disgusta en mi descripción de trabajo es el barrer el piso de la cocina. Yo lo hago, y momentos después la suciedad parece reproducirse; más migajas, más suciedad, cereales o cualquier otra cosa. Tengo la tendencia a ser vencida por el piso, y como resultado me olvido de este hasta que al caminar produce un sonido «cronch-cronch» que me indica que ya no puedo evitarlo más.

Pero cuando comencé a pensar en hacer todo para Dios, decidí hacer el examen del piso de la cocina. Tomé la escoba y dije: «Ahora mismo, Dios, voy a adorarte barriendo este piso.» Ahora, barrer no se ha convertido en algo magnífico que me transporta a lugares celestiales, y debo admitir que aún no lo hago lo suficiente. Pero si lo enfoco correctamente, puedo usar esto como una forma de dirigir mis pensamientos suavemente hacia Dios. Mientras barro, le doy gracias a Dios por tener un techo sobre nuestras cabezas y un piso que necesita ser barrido debajo de nuestros pies. Le doy gracias porque mis brazos y mi cuerpo son fuertes y saludables para poderme ocupar de mi hogar, y de que tengo dos adorables y desordenados pequeños que necesitan ser alimentados y aseados.

Hice lo mismo con otras «no tan agradables» tareas. ¿Ha tratado usted de cambiar un pañal sucio como un acto de servicio no solo para el usuario del pañal sino también para el Creador? Esto en verdad le da un nuevo giro a las palabras de Jesús: «Le aseguro que todo lo que hicieron por uno de mis hermanos, aun por el más pequeño, lo hicieron por mí» (Mt 25:40). Ciertamente esto está a mi favor; pero, entre más cerca estoy de entrenar a mi hijo a usar el baño, esto se hace más fácil.

Lo que él susurra

Escuchar el susurro de Dios a través del caos de la vida no es fácil. Cuando nuestro trabajo está confinado al hogar, y no recibimos compensación alguna por ello, encontrar nuestro sentido de propósito es difícil. Si trabajamos fuera del hogar y estamos tratando de balancear las presiones externas con las necesidades de la familia, es duro recordar qué es más importante, porque todo parece urgente.

Aun si nos sentamos y tomamos el tiempo para pensar en la importancia de criar a la próxima generación de líderes para nuestra iglesia, nuestra comunidad y el mundo, rápidamente podríamos perder la visión mientras nos involucramos en el caos de los pequeños detalles de la vida.

Cuando tratamos de comenzar a preparar la cena y de recoger la casa antes de que el marido regrese, y los niños están llorando, peleando o colgados de su pierna mientras usted cojea torpemente por la cocina, es difícil mantener esa visión.

En esos caóticos momentos, es importante recordar que Dios escucha las sencillas oraciones tan claramente como escucha las más elaboradas. «Dios, ¡ten misericordia de mí!», o hasta «¡Ayúdame!» son un deleite para sus oídos. Él no solo escucha sino que también responde.

En el caos él susurra: «Yo estoy contigo.» Lo creemos y tenemos esperanza.

Para reflexionar

1. «Tenemos la tendencia a pensar del cuerpo y sus funciones como un estorbo a nuestro llamado espiritual, sin ningún papel

positivo en nuestra redención o en nuestra participación dentro del gobierno de Dios. En tanto que tal visión del cuerpo se mantenga, el fácil yugo permanecerá como un sueño adorable y discipulará una diversión de medio tiempo», escribe Dallas Willard en *El espíritu de las disciplinas.* ¿Vé usted su cuerpo y sus acciones físicas como un estorbo a su crecimiento espiritual? ¿Está de acuerdo con Willard? ¿Por qué sí o por qué no?

2. ¿Siente que tiene una misión, un propósito? ¿Cúal es? Menciónelo claramente en una oración.

3. ¿Pasa la mayor parte del tiempo en una vocación (en casa o en el mercado) que parece ser significativa y satisfactoria? Si no lo es, ¿por qué no?

4. ¿Siente que los retos y las tensiones de su trabajo le acercan más a Dios, o le apartan de él? ¿De qué manera?

5. Al mirar hacia atrás en la jornada que ha emprendido al leer este libro: ¿Qué puede decir que ha aprendido? ¿Con cuáles capítulos se identifica más?

6. ¿Cuáles son los dos pasos específicos que va a dar para comenzar a escuchar mejor el susurro de Dios en el caos de su vida?

Otras obras recomendadas

Bonhoeffer, Dietrich, *La vida juntos,* Harper & Row, New York, 1954.

Brother Lawrence, *La práctica de la presencia de Dios.* Editado por Harold J. Chadwick, Bridge-Logos, North Brunswick, N.J., 2000.

Foster, Richard J., *La celebración de la disciplina,* Harper & Row, San Francisco, 1981.

______, *La libertad de la sencillez,* Harper & Row, San Francisco, 1981.

Gire, Ken. *Ventanas del alma,* Zondervan, Gran Rapids, Mich., 1996.

Nouwen, Henri, *La vida del amado.* Crossroad, New York, 1992.

Ortberg, John. *La vida que siempre quisiste.* Zondervan, Grand Rapids, Mich., 1997.

Tozer, A.W. *El propósito de Dios.* Christian Publications, Camp Hill, Penn., 1982.

Willard, Dallas, *La conspiración divina.* HarperCollins, New York, 1998.

______. *El espíritu de las disciplinas,* Harper & Row, San Francisco, 1998.

Nos agradaría recibir noticias suyas.
Por favor, envíe sus comentarios sobre este libro
a la dirección que aparece a continuación.
Muchas gracias.

ZONDERVAN

Editorial Vida
8325 NW. 53rd St., Suite #100
Miami, Florida 33166-4665

Vidapub.sales@zph.com
http://www.editorialvida.com